AF363726

DICTIONNAIRE

BURLESQUE

PARIS.

MADAME GOULLET, LIBRAIRE,
PALAIS-ROYAL, GALERIE D'ORLÉANS, 7.

(1837.)

DICTIONNAIRE

BURLESQUE.

PARIS.

MADAME GOULLET, LIBRAIRE,

PALAIS-ROYAL, GALERIE D'ORLÉANS.

Imprimerie. d'Herhan, rue S.-Denis, 180.

DICTIONNAIRE

ARISTOCRATIQUE, DÉMOCRATIQUE ET MISTIGORIEUX DE MUSIQUE VOCALE ET INSTRUMENTALE; DANS LEQUEL ON TROUVE DES DIGRESSIONS SUR L'HIP- PIATRIQUE, LA GASTRONOMIE ET LA PHILOSOPHIE HERMÉTIQUE ET CONCENTRÉE, POUR CONSOLER LES PERSONNES QUI DU VENT DE BISE ONT ÉTÉ FRAPPÉES AU NEZ, ET RÉCRÉER CELLES QUI SONT EN LA MISÉRABLE SERVITUDE DU TYRAN D'ARGEN- COURT ; LE TOUT AUSSI A L'USAGE DES GENS QUI VEULENT RAISONNER DE L'ART MUSICAL A TORT ET A TRAVERS SANS BLESSER LES LOIS RIDICULES DU BON SENS.

MIS EN ORDRE

PAR

Philârmonïalectryônóptékbèphâliokïngôovadi bdïnn

PUBLIÉ EN LANTERNOIS

PAR

KRISOSTAUPHE CLÉDEÇOL, docteur ferré, marqué et patenté, professeur de Castagnettes dans tous les Conservatoires nationaux, étrangers et autres, etc.

TRADUIT PAR

Ydâlôhtüstiphèjâldenpéàb,

Racleur de boyau.

PRIX

marqué :
100 francs, prix musical, illusoire et dérisoire :
1000 fr. Prix réel. **99** fr. Prix
net : à la volonté du marchand.

PARTOUT ET NULLE PART.

100803000600.

1.

ÉPIGRAPHES.

Chescha esitckaymen.

Tiré du Coman.

Niyaha moo be tcholitsi odchora kô; khoukoun
Boïkhon ni wadziran be îlbatsi odchorakô, Yu
Be, aï seme betchere?

Confucius. Prov. chinois,

Toujja na âné hiaam mama ouna Maano divâa
rattimtcha

Nikkiba dâbaï ballam toucha batthamanorahâim,
angâïm?

Sacountala. Drame sanscrit.

Ak'hou de k'ha doui. Dak'hou bah lidelelweh.

Lois des Afgans.

Kydzé tsak boudangtouba.

Aphor. Mogol.

Lascia ogni speranza.

Il Dante.

Eztut hutcie eguinen zurimic, erten derauzul eguia
arimaz.

Janicoac placer badu.

Erro. Sentence basque.

Bazi mecunem.

Philos. persanne.

— Sed quid opus teneras mordaci radere vero
auriculas? . . . .
Per me equidem sint omnia protinus alba:
Nil moror. Euge, omnes, omnes bene miræ eritis res
Hoc juvat; Hic, inquis, velo quisquam faxit oletum.

Pinge duos angues : pueri, sacer est locus; extra
Mejite : . . . .

PERSII.

Diô kai sphoda dei tôn loipôn umâs, ô andrès athenaïoi
phrontisaï ina taut epanozthôsamenoi, tèn épi tois pep-
ragménois adoxian apotripsometha.   Demosthénous

No hay puta ne ladron
Que tenga su devocion.
Refran.

Ein gericht, und in frundlich gesicht.
Gœthe.

Er licer guen ha pemp plauguen
En torden plour didan peu
Ha pemp treutad dour ar hon caign
Chetu maden ag er beb nien.
Pensée Bretonne.

Yaya tatsin bé eitsi tatsibouré, eitsi tatsiré dé ourou
na kò, tok tokho kooli bi.
Sentence Mandchoue.

Thiphphakednah siphrékem
Tiré de l'Hébreu.

Nackthicouët qhadir naboulascàss.
Prov. Lanternois.

Frongh frughz frest strangflüflhedàckhëàhk.
Comédie Samoiède.

A lyra é nossa herança.
Elegie Portugaise.

Koz erlial ar kaghthéatzisn haussoumu kasdéghapache-
khoutian.
Psaume Arménien.

Ala èggamr lou yslyny
Berrouh anà mà aslàh
Chanson Arabe.

Hoe ruygh bewassen wegh al ben iék vandeblinden ick
kense by der tast, en weetse wel te vinden.
Fantaisie Hollandaise.

A tattered cloak may cover a good drinker.
Bacon.

Ami lecteur; as-tu compris la lettre de ces épigraphes?
oui! mais l'esprit?.. Ores écoute! achète à beaux deniers
comptans, des milliards d'exemplaires de ce livre et donne
les ensuite à qui tu voudras pour éviter que le ciel ne
te confonde.
Caprice d'auteur.

DÉDICACE.

A MON AMI SORNUGIPILOQUID,

Auteur du commencement de l'ébauche d'un essai sur un Traité élémentaire des Notions radicales.

Si je place votre nom en tête de ma traduction, c'est d'abord pour me glorifier de l'amitié que vous me portez, et vous prier ensuite [d'agréer ce petit livre où l'on prouve jusqu'à l'évidence la plus rationnelle, la primordialité, l'antiquiorité, la perfectibiliorité, l'universabiliorité et l'inépuisabilité de la musicalescomanie.

Quant au but spécial de l'auteur, vous le trouverez déduit au long dans sa préface. Adieu.

Le Tradcuteur.

TABLE DES MATIÈRES.

Philarmonialectrionatekhéphaliokingôsiræôvadihdinn, Stéréautontimorunenecatombicouzyonotychoranah, Filogerotricefaliæœscaroticobastione, Pizcolibikicinidiblitizkibibik, Pizcolahuzivicothalahuzibar, Pozonokohlopobouocoroz, Parasitosycophantosophistés,
Ydoluthas thiphéjaldeupéab Diatriontapiperone, Sordéajustante, Tityre. Trouillogau, Tapahor, Songecreux,
Song bleu, Serpentfetche, Sacrohosco, Poiltruy,
Popo Piston, Depeu, Oriflan, Nihil, Nuisyfrotte, Nazdecabre, Naxilard, Nectabo, Myrbalais, Mistigri, Micomicon, Matamor,
Lycophron, Lupette, Liùm, Lautre,
Lamistringue, Larancune, Lamorille, Lalanterne, Lalozerne, Hirsutus, auteur des distinctions metaphysiques sur le cornuage,
Humevent, Goybande,
Fourbine, Fessepinte,
Fouillancoffre, Duconcou, Chifflemus,
Cledefa, Clédeçol, Coquefredeuille,
a
uteur
de l'essai d'un
classement de
quelques amateurs,
Cornud, Coypeau, (professeur de basson, sans élèves), Claquedent, Carplin,
Calfeu, Bruscambille, Briuguenaailles, Boumbum, Alpha, Alcofribas abstracteur de quintessence mistigorique; un laquais pour servir à boire.
Tels sont amy lecteur, les noms des honorables artistes dont l'énonciation rappelle des
spécialités célèbres dans les fastes de la musique
moderne pratiquée sur toute la surface du monde
sublunaire. On aurait pu ajouter à cette glorieuse pyramide le nom de quelques Muses pédantesques dont les
conseils out eu une grande influence sur la rédoction de ce
livre, mais les Muses at les musettes sontcn discrédit, et
nous ne voulons pas trahir l'obscurité dans laquelle elles vivent.

NOM DES TRADUCTEURS.

AVERTISSEMENT

DE L'AUTEUR.

___

AUX MUSICANTROPHILES.

___

Si jamais le navire de vos imaginations a été porté par l'océan spacieux d'une lecture admirable où vous puissiez ensemble, et rasséréner les ténèbres obscurs de vos mélancolies, et borner votre vue sur un million de raretés non moins belles que profitables, c'est dans l'étendue raccourcie de ce petit livre, et dans les détroits de cet ouvrage, où vous pouvez le pratiquer avec assurance. Vous voguerez ici avec toute certitude, sans crainte de tomber dans les détours et abyrinthes de difficultés et d'explications ; le zéphir du sens littéral conduira les rames de votre barque intelligentielle dans un port de naïveté, où vous goûterez avec délices et à loisir ce que vous avez ouï autrefois en passant et à la hâte. Le pilote de vos courses sera le bon jugement que vous en ferez, et qui seul vous servira de guide pour cingler le galion de vos désirs, afin de parvenir à la terre ferme d'une vraie liesse qui sera le port heureux où vous mouillerez l'ancre de vos lectures, et où vous attacherez les cordages de vos plaisirs. Et, en cette navigation, prenez garde de ne heurter le vaisseau de votre esprit contre les écueils d'une mauvaise opinion qui tournerait au désavantage de celui qui a bâti cet ouvrage ; c'est un plat de ris qu'il vous présente, vous le devez prendre loyalement ; il n'est pas défendu de lâcher les rênes à la réjouissance, pourvu qu'on la puisse retenir et brider en temps et heure, et maîtriser les mouvemens qui nous pourraient altérer en dedans.

Si, de fortune, les voix charmeresses de quelques Sirènes envieuses vous persuadaient, au milieu de la course de vos lectures, de voguer en autre endroit, bouchez vos oreilles de la cire d'une ferme résolution et vous attachez au mât d'une délibération déterminée de voir la fin aussi bien que le commencement.

PRÉFACE

DE L'AUTEUR.

—

Un écrivain célèbre dit en quelque endroit :

« Quand le roi de Macédoine entreprint
» assiéger et ruiner Corinthe, les Corin-
» thiens ne furent négligens pour résis-
» ter à son hostile venue, et leur ville dé-
» fendre.

» Les ungs remparoient murailles,
» dressoient bastillons, esquarroient ra-
» velins, cavoient fossez, escuroient con-
» tremines, gabionnoient deffenses, or-
» donnoient plates-formes, vuidoient
» chasmates, ressapoient contrescarpes,
« etc.

2.

» Les aultres polissoient corselets,
« chanfreins, salades, armets, morions,
» gorgerins, plastrons, pavois, espe-
» rons, etc.

» D'aultres esguisoient picques, halle-
» bardes, hanicroches, espieux, four-
» ches fières, espées, estocs, pistolets,
» virolets, etc.

» Diogène les voyant en telle fureur
» mesnage remuer et n'estant par les ma-
» gistrats employé à chose aucune faire,
» contemple par quelques jours leur con-
» tenance sans mot dire : puis comme
» excité d'esprit martial, ceignit son palle
« en écharpe, recoursa ses manches jus-
« ques ès coubtes, se troussa en cueilleur
« de pommes, bailla à ung sien compa-
« gnon vieux sa bezasse, ses livres, et
« ses épistolographes, feit hors la ville,
« tirant vers le Cranie (qui est une col-

« line et promontoire lez Corinthe) une
« belle esplanade; y roulla le tonneau
« fictil, qui pour maison lui estoit con-
« tre les injures du Ciel, et en grande
« véhémence d'esprit desployant ses bras:
« — le tournoit, viroit, brouilloit, her-
« soit, versoit, renversoit, bastoit, bou-
« toit, tabustoit, cullebutoit, trépoit,
« trempoit, tapoit, timpoit, estoupoit,
« destoupoit, détraquoit, triquotoit,
« tripotoit, chapotoit, crousloit, eslan-
« çoit, bransloit, esbranloit, levoit, la-
« voit, clavoit, entravoit, braquoit, blo-
« quoit, tracassoit, ramassoit, affustoit,
« armoit, guizarmoit, enharnachoit, em-
« penachoit, caparassonnoit : le dévalloit
« de mont à val, et précipitoit par le gra-
« vier : puis de val en mont le rappor-
« toit, comme Sisyphe faict sa pierre :

« tant que peu faillit qu'il ne le desfon-
« çast.

« Ce voyant, quelqu'un de ses amis, lui
« demanda quelle cause le mouvoit à
« son corps, son esprit, son tonneau, ainsi
« tormenter? Auquel respondit le phi-
« losophe, qu'à aultre office n'estant pour
« la respublicque employé, il, en ceste
« façon, son tonneau tempestoit pour,
« entre ce peuple tout fervent et occupé,
« n'estre vù seul cessateur et ocieux. »

A l'exemple de ce philosophe, voyant
des écrivailleurs, écrivassiers, romipè-
tes, cerveaux à bourrelets, rapetasser
de vieilles ferrailles littéraires dans des
volumes nouveaux, sous les titres pompeux d'histoires, contes, romans, lettres, fadaises et autres telles moralités,
j'ai laissé ma plume tourner, virer, brouiller, renverser, culbuter, relever, obs-

curcir, éclairer les mémorables discussions de ce Dictionnaire, citant toujours
les auteurs, écrivant tout d'une suite,
mêlant sans distinction glose et texte;
le tout, pour n'être pas vu cassateur et
ocieux.

Comptez toutes vos dents de peur qu'il
ne vous en tombe à force de rire, et remuez
les mandibules à vide ; fermez la bouche, ou-
vrez le reste pour éviter la colique.

Aphorisme d'Hyppoc.rate

3

OUVERTURE.

—

Car toujours est-il que ce fut au temps, au siècle, en l'indiction, en l'ère, en l'hégire, en l'hebdomade, au lustre, en l'olympiade, en l'an, au terme, au mois, en la semaine, au jour, à l'heure, à la minute, à la seconde, à la tierce, et justement à l'instant que par l'avis des démons des sphères inintellligibles, intelligibles, les faiseurs de sublime à la toise avançaient leurs ballots extra-philosophico-chromatiques au préjudice de la noble tradition des Mozart, Beethowen, Weber et autres cuistres de même étoffe! Confus soient les inventeurs de nouveautés fantastico-musicales qui gâtent la jeunesse, et contre les bonnes coutumes troublent les jeux! Beaucoup de maux sont advenus et adviendront encore à cause de ce changement qui nuira à l'intelligence des histoires, et gauchira toute la mappemonde harmonique! Que de

troubles, guerres, misères et telles autres petites mignardises qui chatouillent agréablement les mélomanes pour les faire rire ! Tant
de sages qui étudient à l'aventure, attribuent
tels effets aux pullulations d'hérésie artistiques à la fréquentation des coulisses de l'O-
péra, et des classes des Conservatoires qui
sont occasion que fillettes sont trop sages,
durant quoi les vieilles gens ne font que re-
chigner.

Eh bien ! en cet excellent période, il advint
ce que vous allez savoir, mais ne me pressez
point, car, je vous défoncerais trois ou quatre
ruades toutes saupoudrées de tristifications
mélancholiques. Il fut donc en cette saison,
sonné, trompé, trompetté, corné (comme vous
voudrez, prenez au goût de votre rate), crié,
huché, dit et proclamé avec la trompe convenable au sujet, que tous les ménestriers, jongleurs, troubadours, docteurs, professeurs
composant l'illustrissime et carissime compa-

gnie joyeuse des musicans, s'assembleraient, au plus beau mirelifique et ebluant appareil, que faire se pourrait, étant tous enfans bâtards ou légitimes de pères qui ne valent pas mieux. Les lettres de convocation ayant été affranchies pour éviter le refus, le synode fut assemblé; chacun y entrant, avisa à son devoir.

Par ce moyen, on exerça un notable conflit de révérences, dont les pétarades sentaient je ne sais quoi de la musique ancienne; et pratiquant mille vétilles d'humilité avec une friponne escopeterie de langage courtisanifié, on fit de belles entrées et rencontres. Trouvant tant de gens de bien assemblés, chacun fut saisi de quelques menues tranchées de sagesse; tous ceux qui s'assirent selon les paraphrases de leurs dignités, avaient fait ronfler la réputation pour maintenir leur rang qui fut égal à tout, jusqu'à la semelle de leurs souliers. Et ainsi chicanant avec les plumes de modestie, ils colloquèrent leurs personnes selon

3.

leurs remembrances de leurs qualités ; et bien que ce soit une ordinaire glissée de père en fils, coulée de mère en fille, que l'amabilité décente dans la conversation, la chose fut poussée si loin que l'hôte, ayant voulu chasser l'assemblée de sa maison, fut garotté et baillonné jusqu'au parfait accomplissement de l'œuvre.

Lors un docteur (celui dont il est parlé au frontispice) se lève ! puis se posant une drogue sur le nez pour se rendre la voix claire, commença ainsi sa ratelée programmatique :

Chers amis, salut ! Écus, ducats, millereis, nobles à la rose, portugaises, séquins, pistoles et pistolets sans balles ni poudre, et autres semblables espèces en quantité, pour remplir les arsenaux de vos escarcelles éventées ! Après avoir révolu la sphère, contemplé la situation des pôles sur notre horizon réglementaire, il a été ordonné et jugé en dernier ressort de serrure, d'horloge, d'arbalète

et de métronome, qu'aucun des membres ici
présens ne faisant défaut, les défaillans ne seraient mis à la noix, à la noisette, au noyau
et à l'amende.

TOUS.

— Bravo! président.

Chut! messieurs! Vous n'êtes point ici pour
vous frotter le ventre avec une brique, afin de
rire, ce serait un péché : nous devons nous
occuper exclusivement de la règle de perfection de l'art et composer un livre précieux qui
soit partout plein de fidèles instructions et sens
parfaits ; qu'on l'admire comme un globe d'in-
finie doctrine, car il y aura autant à apprendre en un lieu qu'en l'autre, et l'on ne verra
ligne, endroit, verset ou passage, qui ne soit
farci de science mistigorique et concluante.

NAZILLARD.

Foin de la préface! or sus! commençons!
Coquefredouille a préparé le grimoire, qu'il

le lise ; je veux le voir se paillardant à bien dire sur chaque article de notre musicalesque dictionnaire ; voyons ! Lettre A ?

COQUEFREDOUILLE.

Lettre A ? Pour qui me prenez-vous ? suis-je donc tombé si bas dans votre estime que vous me croyiez capable de commencer un dictionnaire en suivant l'ordre trivial et populaire indiqué par l'alphabet ? J'ai l'intellectoire assez éclairé pour agir d'autre façon. N'allez pas me confondre avec les averlans ineptes, savans et barbares qui...

HIRSUTUS.

Il ne faut pas vous quereller, cela n'avancera pas notre ouvrage. Vous me rappelez notre curé qui disait au prône : Il y en a qui ont des pantoufles qui s'en vont faisant flic-flac, et chantent : Revange-moi, prends la querelle ? Et qui veux-tu qui te revange ? Prends une échelle et monte tous les diables.

CORNUD.

Point de plaisanteries vitupérables! je descends pieds et poings dans la sentence de Coquefredouille, son dire est clair. Le lexique doit être étranger aux formules déjà employées.

ALCOFRIBAS.

Eh! bien! lettre Z.

COQUEFREDOUILLE.

Je commence! je pindarise!

ZURNA. — Instrument turc de la famille du hautbois. Son origine antédiluvienne a été retrouvée par Cuvier. Dioscorides écrit en veau au livre des herbes nouvelles. *Arundinibus tribuitur.. quæ tibiis destinebantur..* Théocrite, Isidore, Pline, Vangelas, Xénophon, Cassini, Alphonse Karr, Cassidore, Boèce, Polydore, Virgile, Voltaire, Corneille, César et Lacépède, disent aussi *Calamos inflare labello Pan docuit....*

CORNUD.

Nous voilà beaux ! Ah! Chrisostôme Matha-
nasius, que diable avais-tu besoin de mourir !
j'aurais la joie de te voir pendre de mal rage
de jalousie? Mes amis, défiez-vous de ces gens
latineux et de telle farine qui remâchent ce
que les doctes ont jeté, et vont grattant dans
les balayures et bourbiers du latin et èséviers
de l'éloquence pour en tirer des haillons et se
rendre parfaits en leur art. On croirait que
ces docteurs ont défoncé les pipes de leur
science, pour trouver un glu qui pût con-
geler les paroles et les faire tenir. Ne nous
amusons pas à ces messieurs les gens de let-
res qui sont si très-savans qu'ils en sont tous
très-sots. Vous les voyez hallebardants avec
de grands lambeaux de latin, effarouchant les
fauvettes. Fi! ôtez cela : ce n'est pas le trou
par où l'on enfourne notre pâté.

COIPEAU.

Rayez tout après le mot Cuvier et passons outre.

COQUEFREDOUILLE.

Camarades, vous choquez ma naturance, mais comme je n'y vois point de personnalité je n'insiste pas.

VARIATIONS. — Diverses manières de gâter un chant. Le mérite de cette composition, c'est l'invention du thême, mais il est à remarquer que parmi les œuvres des rapetasseurs d'airs variés, on ne choisit jamais celles qui portent pour titre : *Thème original varié*, etc. Le public n'est pas aussi bête qu'on le pense, et il distingue un marchand de bric-à-brac d'un architecte.

BRUSCAMBILLE.

Ne craignez-vous pas, messieurs, qu'on nous accuse de truandage, de pédantisme, et qu'on rejette notre livre comme étant plein du ravaudage de folle doctrine.......

COIPEAU.

Quand vous vous croyez devant le public, vous êtes humble comme une savate de brunisseur; opinez du bonnet et embéguinez-vous le museau du cadenas de taciturnité.

Oui, messieurs, Coquefredouille a raison, il faut crier contre les pattes pelues de ces enfarinés variationneurs qui gourmandent les plus jolis airs et la science harmonique pour les remplir d'abus! qu'on se garde de ces pifres présomptueux qui, voyant les bonnes personnes désireuses de se calfeutrer le cerveau de mélodies naïves, s'en scandalisent. Qu'on se garde de ces entrelardeurs d'accords étrangers aux tons, de ces effondreux de rhythme et de tous ceux qui aiguisent leur esprit à allonger ce qui est court et à raccourcir ce qui est long. Un jour, nous nous amuserons à signaler les larrons qui ont mordu à belles dents les œuvres de Gluck, Haydn, Mozart, Beettoven, Weber, Rossini, pour les abaisser jusqu'à eux ; nous les citerons à notre tribunal pour leur appliquer avec un fer chaud le n° de chaque œuvre qu'ils ont défigurée.

LAMISTRINGUE.

Tubleu ! père Coypeau, on voit bien que vous n'avez jamais su trouver une pauvre petite amplification musicale qui ait le sens commun ; vous comprenez dans l'anathème des gens de talent et des cuistres : il y a des arrangeurs qui s'y entendent.

ALCOFRIBAS.

C'est vrai. Il y a piller et piller ; le grand Maestro le sait bien. N'a-t-il pas mis à contribution les bonnes idées des autres, depuis les œuvres de Mozart jusqu'aux Vocalises de Crescentini ?

LAMISTRINGUE.

Coypeau voudrait être un plagiaire de cette étoffe.

4

BRINGUENARILLES.

Ne nous emportons point, et passons à un autre couplet.

ALCOFRIBAS.

VOIX. Je les ai cataloguées par espèces, il y en a quinze mille dix-neuf, au nombre desquelles je citerai : la *voix de bois*, possédée par de pauvres chanteurs qui hurlent tout bas, froncent le sourcil, sans effrayer personne, et ne sont entendus que par le souffleur. 2° La voix dite *tuyau de poèle*, possédée par des espèces de bisons mâles ou femelles qui donnent une grosse colique aux malheureux condamnés à les entendre. 3° La voix *dite souflet de forge*, parce que les chanteurs qui en font usage ouvrent les babines de treize pieds en carré, crachent une dent à chaque note, tirent la langue et soufflent comme des marsouins, tout en gesticulant de leurs bras, comme les ailes des moulins à vent de Mirobolans....

TROUILLOGAN.

Que vous parlez court ; vous faites le Lacédémonien !

SACROBOSCO.

Pour avoir osé interrompre Alcofribas, tu mériterais d'avoir le ventre plein d'avoine et une couvée de rats dedans !

ALCOFRIBAS.

Il faudrait faire à MM. les chanteurs braillards le tour que joua Manassès à un Quinze-Vingt. Manassès avait acheté un superbe fromage mou et le tenait à sa main ; il s'approcha d'un vieux Quinze-Vingt qu'il pria de dire un petit *salve* à son intention ; pour ce faire, il lui mit un beau jeton au creux de la main. Le pauvre, ayant accordé ses badigoinces, griguenotait ce *salve* avec une voix horrifique à laquelle Manassès s'accordait. Comme on fut venu au verset qu'il se faut égueuler de crier et qu'il eut ouvert amplement la gorge et desserré la gueule assez grande pour y enfourner un demi aloyau, les babines étant disjointes d'un demi-pied et demeurant ouvertes en cette belle extase de chant royal, Manassès lui va flaquer ce fromage mou dans le bagoulier si proprement, qu'il entra tout, et rien n'en sortit que ce que le triste et malheureux criard fit choir, estimant avoir la bouche pleine d'une autre mixtion de plus haut goût.

COIPEAU.

Allons, allons, dépêchons-nous, car l'antéchrist est né, m'a-t-on dit.

BRINGUENARILLES.

Vraiment oui ; mais il ne fait encore qu'égratigner sa nourrice et ses gouvernantes, car il est petit.

FOUILLAUCOFRE.

Allez-vous nous lanternifiboliser ainsi ?

LICOPHRON.

Nous avons beaucoup travaillé ; il serait nécessaire de nous réfectionner un peu.

CORNUD.

Déjà! vilain gourmand! je voudrais que tu fusses pendu par les pieds à la croix de notre clocher, et qu'on t'attachât aux oreilles cent livres de lard cru.

ALCOFRIBAS

St!

VIDER. — L'eau que le souffle produit dans les instrumens à vent. Cette action toute gracieuse se pratique ainsi : quand on joue dans un concert, une assemblée, on regarde le beau monde, on s'approche un peu, puis on défait la coulisse du trombonne ou du cor, etc. on lève le bras en l'air et on verse l'eau sur la tête de la plus jolie femme de la société. Quelques malotrus se tournent un peu de côté et font ces petites propretés sans qu'il y paraisse ; cela est indécent.

LUPETTE.

Ceci s'adresse à toi, Goibaude, grande trompette du jugement dernier!

4*

ALCOFRIBAS.

VICARIER. — Mot familier par lequel les anciens musiciens d'église exprimaient ce que font ceux d'entr'eux qui courent de ville en ville et de cathédrale en cathédrale, pour attraper quelques rétributions et vivre aux dépens des maîtres de musique qui sont sur leur route.

CLAQUEDENT.

Plaise à Dieu que cette bonne coutume durât encore! je ne me serais pas trouvé compromis, moi et ma dignité d'artiste, dans une grande ville du royaume où j'espérais me faire admirer.

CARPALIN.

Parle court, et conte longuement.

CLAQUEDENT.

J'étais à Quimper-Corentin depuis huit jours, essayant vainement de monter un concert qui pût me profiter. Ma bourse était vide, mon es-

prît était creux; et à force de fouiller à ma poche pour y retrouver une pièce quelconque,
j'arrachai le seul et unique pantalon dont je
pusse me couvrir. L'aubergiste comprit mon
embarras, et pour me prouver qu'il savait apprécier mon talent, il m'amène un de ses amis
qui devait me tirer hors de peine.—J'écoutai.
Monsieur, me dit cet homme, en ôtant son
bonnet de coton, voudriez-vous me faire
l'honneur de venir jouer chez moi? —Mais
je ne veux me faire entendre qu'au concert,
je ne jouerai point avant. Pourquoi cette
proposition?—Monsieur, je sais que vous êtes
un grand artiste, mais je saurai faire un sa-
crifice proportionné à vos mérites; veuillez
venir dans ma maison; j'y reçois tous les per-
sonnages marquans qui viennent à Quimper-
Corentin, et j'ai traité convenablement les
Osages à leur dernier voyage.—Qui êtes-vous
donc, m'écriai-je?—Le propriétaire de ce
beau café que vous voyez là-bas. — Je tombai suffoqué par la honte et la colère.

ORIFLAN.

Où trouvez-vous ces jolies choses ?

ALCOFRIBAS·

Dans mon livre inédit : La Musique mise
à la portée des ânes par un baudet de qualité.

CARPALIM.

Je pensais que ce fût écrit en la Pragmati-
que-Sanction.

NAZILLARD.

Cela te paraît difficile !

CARPALIM.

Pas aussi difficile que de tenir sur ma four-
chette une quille de beurre frais à la gueule
d'un four chaud.

FESSEPINTE.

Que l'aze vous quille pour vos sots propos.

ALCOFRIBAS.

VENTRE (GROS.) — Ce mot exprime le
point du milieu de la vibration d'une corde

sonore, où, par cette vibration, elle s'écarte le plus de la ligne de repos.

Gros Ventre désigne aussi le milieu du corps d'un homme qui, par son obésité, s'écarte positivement de la ligne de tempérance.

HIRSUTUS.

J'ai connu un gros pianiste, homme de talent, sur lequel une dame anglaise fit les vers suivans.

> Le gros Dussek était si gras,
> Que des souris ou bien des rats
> Ayant choisi pour leur tannière,
> L'immensité de son derrière
> Y firent tous leur carnaval
> Sans qu'il sentit le moindre mal.

MICOMICON.

Presque tous les musiciens ont les mêmes goûts que le curé de St-Lichard, lequel, parlant du mardi-gras, recommandait à ses paroissiens de festoyer St-Pansard, St-Mangeard et St-Crévard.

LA LUZERNE.

Vive le pantagruélisme, et le gobelot! je propose de discuter chaque article au son de la bouteille, cela ragaillardit la fressure.

NAZDECABRE.

Que vous êtes fantasque, le dictionnaire ne serait jamais fini. Suivons les vertus théologales.

CLAQUEDENT.

J'aime mieux les quatre cardinales qui sont, rire, manger, boire et dormir. Quant à celles des théologiens ennemis de nature, elles ont : avarice, envie et bithumine.

L'AUTRE.

Achevons en gens de bien.

TROUILLOGAN.

Et que chacun lise à son tour.

COQUEFREDOUILLE.

Me voici :

VIN.— Dès la plus haute antiquité, les

musiciens ont fait un grand usage du vin; mais c'est une erreur populaire de croire à des lois spéciales qui obligent chaque artiste de boire dans chaque jour une quantité de vin égale à la capacité de son instrument; il s'en suivrait que le flutiste aurait la pépie quand le contrebassiste serait ivre-mort. La consommation est fixée par jour à autant de bouteilles qu'on peut pratiquer de tons sur l'instrument. Heureux les artistes qui jouent dans tous les tons. On ne saurait trop le redire, *in vino veritas* : c'est dans le vin qu'on trouve les plus jolis airs.

CARPALIM.

C'est vrai. Ayez de bons flacons pour y trouver la vérité, comme fit Démocrite qui la trouva au fond d'un puits. Le roi avait fait faire un puits qui correspondait à une vieille carrière où Démocrite allait souvent se rafraîchir, et en ce puits on rafraîchissait le vin du roi. Démocrite s'en aperçut et alla, avant que

d'être aveugle, joliment prendre le bon vin
gisant en flacon dans l'eau du puits, et trouva
que c'était la vérité, que le vin valait mieux
que l'eau.

TAPABOR.

Oh ! Carpalim ! je te vois venir avec tes fla-
gorneriettes, la gorge te cuit.

SONGECREUX.

Et à moi aussi.

MYRBALAIS.

Doucement ! n'oubliez pas que vous irez
tout-à-l'heure chez la princesse de Mironfla
pour y faire des leçons. Si vous sentiez un
peu le vin, vous seriez chassés comme musiciens
de barrière.

TAPABOR.

Le vin donne de l'esprit, bois-en.

CARPALIM.

Ne parlons plus de vin, cela monte l'imagination.

SONGEBLEU·

Avant de continuer la discussion, je voulais soumettre une observation touchant la construction des instrumens à vent.

ALCOFRIBAS.

Ouvre le tiroir de la réminiscence.

SONGEBLEU·

Les particules moléculaires atmosphériques qui pénètrent intempestivement dans les trous.....

ALCOFRIBAS.

Vas-tu te taire au plus vite! mort aux rats, aux souris, et aux guêpes! tu t'entends à pérorer comme un rossignol à crier de la moutarde! Reprenons notre propos par le bord de sa robe.

COQUEFREDOUILLE.

VALSE. J'aime la valse, car elle procure aux femmes un plaisir gradué dont le valseur est la cause immédiate. On voit une jolie

femme s'animer, se laisser mourir dans vos
bras, c'est un spectacle délicieux qui peut
conduire à des rapprochemens philosophi-
ques.

MLLE DE FOURBINE.

Vous avez raison. Mais ma fille ne valsera
jamais avec ma permission.

PISTON.

Elle s'en passera.

NAZDECABRE.

Ne nous échauffons pas. Et passons au
plus vite à un article moins licencieux.

PIZCOLIBIKICINIDIBILITIZIKIBIBIK.

TIMBRE. On appelle ainsi par métaphore
cette qualité du son par laquelle il est aigre
ou doux, sourd ou éclatant, sec ou moëlleux.

Le timbre de la flûte est ennuyeux, celui
du hautbois est nazillard, celui de la clarinette un peu canard, celui du basson, in-

décent ; celui du cor, sourd ou criard ; celui du serpent, soporifique, celui de la cornemuse, dulcifiant, etc.

CORNUD.

Vous oubliez. Timbre, en terme d'armoirie, signifie le casque ; par extension et familièrement, la tête. De là, timbre fêlé, pour indiquer un homme fou, un cerveau à bourrelet, un individu qu'il est difficile de concilier avec lui-même.

CARPALIM.

Alors ceci s'applique spécialement aux musiciens.

CORNUD.

Un je ne sais qui, a dit, je ne sais où, que pour bien juger les œuvres musicales, il fallait remonter jusqu'aux idées premières qui les ont enfantées, et connaître la vie des compositeurs, parce que de toutes les productions de l'intelligence, elles étaient le plus fortement

empreintes de l'individualité de l'artiste. C'est
là une bêtise bien formulée, je connais d'excel-
lens musiciens avec lesquels je ne voudrais pas
me promener au fond d'un bois.

Ils imaginent de beaux ouvrages pleins de
sentiment, de mélancolie, et leur âme est
noire comme ébène; ils ont le pied fourchu
et la langue double, mangent un enfant à
déjeûner et composent un morceau qui fera
verser des larmes d'attendrissement.

CARPALIM.

Alors il faut reconnaître que ces animaux
là sont doués de talens presqu'indépendans
de leur volonté; qu'il y a deux individualités
distinctes, l'une qu'on vénère, l'autre qu'on
doit fuir comme la peste. Malheur à ceux qui
veulent vivre avec ces artistes; ils déplorent
la perte de leurs illusions : c'est se mettre
dans les coulisses pour juger du coup-d'œil
de la scène.

BOUMBOUM.

TUTTI. — Mot italien qu'on écrit dans la musique d'ensemble pour indiquer aux con- certans de partir tous à la fois.

DIATRIONTONPIPERONE.

L'explication est juste quant au mot, mais elle est fausse quant aux concertans. N'avez vous pas remarqué cent fois que dans un tutti, ces messieurs prennent leurs aises, bien assu- rés qu'ils sont qu'on fera toujours assez de bruit sans eux ; ils peuvent alors se reposer en toute sûreté; et la plupart profitent d'un tutti pour se moucher, ou priser, sortir, boire, causer et flâner.

MYRBALAIS.

J'ai connu un concertant qui faisait mine de souffler dans son trombone, sans jamais exécuter une note. Du reste, on le voyait se démener comme un beau diable, agitant les coulisses et gonflant ses joues même sur un si-

5*

lence de 80 mesures, ce qui découvrit la fourbe.

LYCOPHRON.

TOURS DE FORCE.— On désigne ainsi
quelques moyens d'exécution extraordinaires
qui servent à pétrifier les auditeurs. Pour
échantillon, nous citerons les horrifiques ma-
nœuvres de deux artistes célèbres : Kouig le
guitariste et Fringuenel le violoniste. Le premier, exécutait un long point d'orgue par la
seule impulsion des doigts de la main gauche,
tandis que de la droite il fouillait à sa poche,
en tirait sa tabatière et son mouchoir, prisait,
se mouchait, puis enfin continuait son morceau à deux mains. A l'opéra Fringuenel faisait mieux encore ; dans un certain passage
de son concerto en fa quadruple double bémol,
il lançait son archet sur le lustre, et tandis
qu'on allait le chercher, il exécutait de la main
gauche un adagio de 915 mesures en faisant la
basse avec ses deux genoux. Tels sont les modèles que nous proposons aux jeunes élèves.

LA LUZERNE.

Avec un peu de patience on surmonte les plus grands obstacles. Le pianiste Cadaver a fini par acquérir une exécution tellement rapide qu'il joue le concerto d'Hummel en dix minutes et demie, laissant bien loin derrière les pauvres accompagnateurs qui n'en peuvent mais et suent sang et eau.

MADEMOISELLE DE FOURBINE.

Notre curé est de cette force. Il dit la messe diligemment. Il advint qu'un jour, lui absent, se présenta un prêtre qui dépêchait fort ; et quand l'ancien fut revenu, on lui rapporta qu'il était venu un aumônier qui disait la messe plus diligemment que lui : sandregille ! s'écria-t-il, il n'en dit donc rien, d'autant que je n'en dis pas le quart.

LA LUZERNE.

Le curé était repréhensible, mais Cadaver est fort applaudi.

ALCOFRIBAS.

Le pays des sots n'est pas une île, c'est le monde entier.

BRINGUENARILLES.

Que vous êtes classique, sandis !

HUMEVENT.

Et toi? te crois-tu doué d'une nature intelligentielle supérieure à la nôtre parce que tu t'es empaletoqué l'esprit de toute les billevesées de l'époque?

ALCOFRIBAS.

Tu nous philanthropise, avaleur de pois gris.

COQUEFREDOUILLE.

TREMBLEMENT. — C'est ainsi qu'on désigne le trille qu'exécutent involontairement les musiciens qui se livrent à la boisson.

NECTABO.

TENUE. — Maintien dans le monde. On reproche aux musiciens d'affecter trop de sévérité dans leur tenue. Ils doivent chercher à se corriger, il est absurde qu'un artiste soit aussi rigide qu'un Quaker.

TROUILLOGAN.

Qu'on me prenne pour modèle! Je sais me conduire avec aisance et facilité!

Chez moi, je fais ce que je veux; j'ouvre mes fenêtres quand je suis au bain; si j'entends sonner, j'ôte ma chemise afin de mieux courir et d'ouvrir plutôt la porte.

Quand je dîne en ville, je mange autant à moi seul que tous les convives ensemble; si l'on ne me verse pas assez souvent à boire, je prends adroitement le verre de mes voisins. Je reste le dernier à table et je ne la quitte qu'après avoir escamoté de bons morceaux que je cache sous mes habits. Le vin me met de belle humeur; je prends par la

taille la maîtresse de la maison et je la force
de valser ; elle refuse, se fâche, mais je l'en-
traîne, et ne m'arrête qu'après avoir ren-
versé un service de porcelaine à fleurs en re-
lief. On trouve généralement que je suis gai
et aimable en société.

BRINGUENARILLES.

C'est vrai. Hier, dans une soirée, tu t'es
fait prier une heure avant de jouer. Mais ensuite, quoiqu'il y eût plusieurs autres artistes
à entendre, tu es bravement resté au piano,
barbottant comme un canard, tantôt dans les
morceaux, tantôt dans les romances, faisant
le saltimbanque et le polichinelle ; en vérité
c'était une pitié ! J'ai cru que tu resterais
jusqu'au lendemain.

TROUILLOGAN.

O Bringuenarilles, que tu connais peu le
monde ! On m'a plus applaudi quand j'ai imi-
té le cri du chameau et l'aboiement d'une
chienne vierge, que dans l'exécution de la bel-

le fantaisie de Weber. Au reste, je suis artiste;
et personne n'a d'observations à me faire. S'il
y a quelque chose de répréhensible dans mes
manières, c'est que ma nature d'artiste com-
porte ces choses-là. Comprends-tu cela, vil
mathématicien ?

BRINGUENARILLES.

O Babylone ! Babylone ! Babylone !

MYRBALAIS.

TITRES. — Il fait bon voir les titres des
ouvrages de ces artistes inconnus, même dans
leur quartier, qui croient rehausser leur nullité par une kirielle de qualifications qui les
plongent encore plus avant dans le bourbier
de l'oubli. Exemple :

Fantaisie de flageolet,
Dédiée à M. Dubuquoi,
De Carpentras,
Par

Villebrequin, preneur de rats, attrapeur
de vipères, cureur de retraits, racleur de vert

de gris; ancien commissaire ordonnateur des plaisirs secrets de la reine Hortense ; auteur de l'art d'attraper les papillous à la chandelle, de l'abécédaire infernalistique et musical dédié aux enfans de la mamelle; des éponges imperméables ; et d'un traité sur les puces, (s'adresser chez l'auteur où il y a beaucoup d'exemplaires.)

UN LAQUAIS.

Messieurs, les huîtres bâillent et le gigot fume !

TOUS.

A table ! la séance est suspendue !

———

COQUEFREDOUILLE.

SUSPENSOIRS. — On recommande spécialement leur usage aux musiciens qui jouent des instrumens à vent.

CARPALIM.

Et aux personnes mâles qui mangent tout' l'huile.

COQUEFREDOUILLE.

SUJET OU THEME.—Partie principale du dessin. Mais seigneur mon Dieu ! que voulez-vous que nos malheureux artistes modernes dessinent? où trouveront-ils un canevas? A notre époque on écrit généralement bien ; on a du style, ou pour mieux dire on sait l'ortographe musicale ; mais un thème, un sujet, une idée, qui soient neufs, originaux, inventés vraiment! attendons encore l'arrivée des Cocquecigrues.

LAMORILLE.

Au commencement de ma carrière de compositeur, je cherchais des idées originales, et des phrases bien coupées qui fussent de moi... Je ne trouvais rien qui vaille. Je me suis aperçu qu'il était plus simple de faire subir quelques modifications aux idées des autres et de les présenter comme si elles venaient de mon cru. Pour réussir, il ne faut que l'habitude de la dissection.

6

GOIBAUDE.

SOUFFLEUR. — Le talent du souffleur consiste à rendre la mémoire aux acteurs ou aux musiciens qui se trouvent encolifluchetés dans les lacets de l'ignorance, et fantastiquement piloboufis de honte purpurine.

NAZDECABRE.

La plupart des souffleurs sont de la force de mon élève.

A ce propos, je vous dirai ce qui m'arriva alors que je cumulais l'emploi de maître de déclamation et de musique chez Mme de la Tripotière. Ses deux fils ne travaillaient guère, ils préféraient jouer avec des arbalètes à grenouilles ; mais dès qu'ils me voyaient, ils s'enfuyaient à leurs livres. Un jour, j'en choisis un et lui demande ce qu'il faisait. — J'étudie. — Quoi ? — Ma leçon. — Où est cette leçon ? — Dans l'opéra de Cacambò ? — Le pauvret se troubla et tournant son bonnet sur les doigts, le roulait en songeant creux comme

une pinte bridée : il avait les yeux jusque dedans l'intention. Je lui commandai de se tenir coi, et de répondre hardiment ; il se tint
joint comme une pantoufle neuve, écoutant
si quelqu'un lui soufflerait le mot ; comme
de fait son frère bourdonnait de loin, l'aver-
tissait et disait un mot qu'il ne pouvait comprendre. Il n'entendait qu'une syllabe, encore
qu'il apportât une cruelle attention pour l'u-
nir au reste. Le souffleur criait tout bas *une
lamproie*, et l'autre prêtant l'oreille me dit
en coulant sa parole à corde avalée, *une lan...*
achevez, lui dis-je, dites assurément. Lors le
pauvre petit qui n'avait pas l'intelligence plus
aiguisée qu'une taupe en gésine, va dire tout
haut : *une lanterne*, mon maître.

LYCOPHRON.

Écrivez ceci sur parchemin vierge.

ALCOFRIBAS.

Je pourrais bien trouver ici de la peau de
veau, mais je n'assurerai pas qu'elle fût vierge.

CORNUD.

Puisque tu t'y connais, il faut la corroyer comme le sera un jour la tienne.

ALCOFRIBAS.

Une découverte que j'ai faite m'a prouvé qu'une planchette de dix lignes d'épaisseur sur un pied de longueur produit un son triste si le bois est femelle. S'il est mâle le son est plus gai et plus clair.....

GOIBAUDE.

Ne pourriez-vous pas indiquer à quel signe on reconnait qu'un arbre est mâle ou femelle?

NECTABO.

Quand il gelera le plus fort, mettez-vous tout nu contre un arbre, et si vous brûlez contre, ce sera une femelle.

DUCOUCOU.

Alcofribas n'a pas dit tout. Il reste à signaler les différens cris des oiseaux.

ALCOFRIBAS.

Nous parlerons des celui dont tu portes le nom à si juste titre.

Le coucou chante avec une parfaite justesse la tierce mineure ut-la; ut-la; ut-la; coucou! coucou! coucou! avec de petits repos entre chaque cri, pour donner à ceux qui l'écoutent le temps de réfléchir sur le sens profond de ces deux syllabes : coucou! D'après nos conseils, lorsque dans le grand monde, on veut désigner une personne mâle ou femelle entortillée à tout jamais dans les bois indestructibles du cornuage, on ajoute au nom de cette personne l'épithète de tierce mineure au lieu de dire populairement coucou.

COQUEFREDOUILLE.

SOLO. — La plupart des musiciens qui jouent des solos en public se troublent dès l'instant où l'on commence à les regarder. Quoiqu'il arrive ensuite, encouragement ou

sifflets, ils restent en leur turpitude ; semblables à ces visiteurs incommodes qui, après
avoir mis en avant la disposition du temps
qu'un chacun fait aussi bien qu'eux, soit chaud
ou froid, et puis ayant conté au-de-là de ce
qu'ils savent, demeurent là fichés et esto, et
muets vont traversant les cabrioles de leurs
fantaisies, et se tenant ès pièges d'ennui où
ils sont fourrés et crotifiés, n'ont pas l'assurance de dire adieu pour s'en aller et cesser
d'être importuns; mais pour user la bienséance, demeurent là tant que quelque changement les viennent relever de sotise où ils
sont en sentinelle.

Pour éviter ces inconvéniens et s'aguerrir
contre l'influence des spectateurs, il faut étudier 6 ans un ou deux morceaux, et à la veille
de les jouer prendre des lavemens en nombre
pair ou impair, selon l'espèce de la mesure
desdits morceaux ; c'est un secret enseigné
par un grand maître : par suite de cette opération l'esprit se trouve dégagé des ténèbres,

qui l'obscurcissaient et l'on joue avec aplomb.

COIPEAU.

Il y a aussi des solistes qui jouent leur morceau au plus vite et qui vont de cul et de tête en veux-tu en voilà, et puis pst? ils sont partis sans saluer.

SONGE CREUX.

C'est comme le curé de Busançois qui dit un jour à ses ouailles; je vous prêcherais bien aujourd'hui, mais nous n'avons pas le loisir, le vicaire m'attend pour manger un lapin. Toutefois, je vous dirai un petit bout de sermon que nous diviserons en trois parties.

La première, je l'entends, et vous ne l'entendez pas; la seconde vous l'entendez et je ne l'entends pas; la troisième ni vous ni moi ne l'entendons.

La première que j'entends et que vous n'entendez point; c'est que vous me fassiez rebâtir le presbytère. La seconde que vous entendez et que je n'entends pas, c'est que vous désirez que je chasse ma chambrière. La troisième que vous ni moi n'entendons, c'est l'évangile d'aujourd'hui. Adieu.

LUPETTE.

SOLFÈGE. — Beaucoup de musiciens qui savent ânoner à grand peine de la musique facile, cherchent à se faire passer pour des lecteurs consommés pensant......

SORDÉAKÜT'STANTE.

Dans ce maudit pays de routiniers où l'on dresse des perroquets babillards plutôt que des artistes intelligens, je donnerais bien gratis la peau d'une sauterelle incestueuse à celui qui me montrerait la première page d'un livre de solfège qui eût le sens commun. Parler solfège devant moi, c'est me faire pleurer en biais des lames de rasoirs.

ALCOFRIBAS.

SILENCES. — Nombre de mesures à comp-

ter. On a bien raison de le répéter, l'opération arithmétique la plus difficile, c'est l'addition. Dans un morceau où il y a des silences, on verra un musicien compter les mesures et commencer justement deux minutes
trop tôt. Le jour suivant, il débute deux minutes trop tard. Dans la suite, pour éviter de se
tromper au su de tout le monde, il laisse commencer les autres et il essaie de se racrocher
à quelques passages; souvent, il prie son
voisin de lui donner un coup de pied dans
le derrière en signe d'avertissement, lorsqu'après la durée des silences il doit exécuter un
solo : il est prêt; mais le bec de sa clarinette tombe, ou l'anche canarde, ou le pupitre se renverse; de telle sorte que le pauvre diable n'est jamais en mesure de commencer en mesure, et qu'il aimerait mieux
passer lui-même inaperçu comme un silence.

SÉRÉNADE. — Concert donné la nuit,
par amour, par spéculation, par reconnaissance.

NECTABO·

J'aime mieux les sérénades que les répétitions.

MADEMOISELLE DE PEU.

Pourquoi cela?

NECTABO.

Quand on assiste à une répétition, quelle qu'elle soit, on n'est pas toujours remercié, souvent même on est reprimandé et vitupéré; c'est cependant un travail surégatoire; mais après la sérénade, on vient saluer les musiciens, on les remercie de leur galanterie, on défonce les brocs et l'on boit à tire-larigot. Pour entretenir cette soif bienheureuse, celui qu'on fête ordonne de tailler un jambon et du pain frais, de manière à entripailler de vraie nourriture ceux qui ne lui ont offert que du vent.

CARPALIM.

L'autre soir, après une sérénade donnée à

un homme illustre, on fit distribuer 6 bouteilles de vin, un pain de 4 livres et 6 sous de
gruyère pour régaler 33 musiciens.

BRINGUENARILLES.

Et vous avez été assez stupides pour dévorer cette jolie collation?

CARPALIM.

On grommelait, mais l'on mangeait.

NECTABO.

SECRETS DU MÉTIER. — (V. Composition) Quand on aura lu ce livre on connaîtra
les arcanes au moyen desquels on peut enco-
liflucheter le public et se faire passer pour ce
qu'on n'est point : c'est ainsi qu'on peut se
soigner une apostume pécuniaire aux dépens
des sots. Mais, bons lecteurs! n'allez point
dire ces secrets de peur qu'étant publiés on
n'en reconnaisse la vanité : cependant qu'on
ne les entends pas, on est en admiration.

SERPENTFETICHE.

Si nous déclarions tout ce qui est rare, il y aurait profanation et l'on verrait de suite que nous sommes pleins de vent.

MYRBALAIS.

La réflexion me plaît. Voulez-vous cependant connaître le mot du guet de ce dictionnaire ? C'est d'avoir de l'argent : il sert aux uns pour se recréer et besogner à l'aise ; aux autres pour se faire mistigorifier comme petits démons sur le plat d'une pelle ; à d'autres encore à se donner du contentement en vérité et non en songe.

COQUEFREDOUILLE.

ROULADE.— Il y a des chanteurs et des instrumentistes qui sont incapables d'exécuter nettement quatre mesures ; eh bien ce sont précisément ces artistes là qui embéguinent tous les airs sous des torrens de notes, et je défierais le plus habile musicien de re-

connaître un motif qui eût le sens commun
sous les fanfreluches recroquevillées et les or-
nemens flasques de ces barbouilleurs.

SONGE CREUX.

Que vous êtes naïf! c'est justement pour
déguiser leur ignorance qu'ils essayent d'a-
jouter aux simples mélodies.

POZONOKOHLOJOBONOCOROZ.

Ces musiciens là ont quelque analogie avec
mon maître ; ne pouvant m'enseigner le français sa langue maternelle, qu'il parlait comme un cuistre, il imagina de me donner des
leçons d'Hébreu et de Sanscrit.

BRUSCAMBILLE.

Donnez-moi son adresse.

REPRISE. — Le musicien, naturellement
peu soigneux, j'oserai même dire parfois troué
et malpropre, doit se marier pour faire faire
des reprises à ses habits. S'il a épousé une ar-

tiste, **les reprises** seront faites avec du fil
blanc sur les vêtemens bruns, et du lacet noir
sur les habits blancs. En tout cas, il faut surtout recommander l'usage des reprises les
jours où l'absence de chemise n'est dissimu-
lée que par une immense cravate ; dans l'animation d'un solo, on montre souvent sa peau
à l'endroit des coudes et dans les entournu-
res.

LA LUZERNE.

C'est parler, cela !

ALCOFRIBAS.

RÉPONSE.—Quand une dame distinguée
écrit à un musicien quelques lignes d'un style
délicat pour lui demander des leçons, ou le
prier à ses soirées, l'artiste, s'il ne sait pas
l'ortographe, doit s'adresser à son portier s'il
en a un.

NECTABO.

J'ai vu une lettre d'un basson qui était ainsi
formulée: Madam, je vou prai vient queue vout

norai pas celui de mavoir ô soar pou joué du
bacon vu quétan malad d'un gueule ton dicr
j'en sui to regim san ozé çortir que je n'ai pat
quité les pantouphes du lessé alé et la rob de
châmb d'eux lainkiétudes. Je vou baisse les
main.

NULSYFROTE.

RÉPÉTITION.—Je ne connais qu'un seul
moyen d'avoir tous les concertans pour une
répétition, c'est ou de les payer ou de les régaler; sans cela ils promettront et ne viendront
pas.

MYRBALAIS.

Lorsque je donnai mon grand concert, je
résolus de faire les répétitions chez Lointier.
Je parlai à ce restaurateur, le priant de dres-
ser quarante couverts, et voilà tout, dans l'endroit où je conduirais mes concertans. Je les
prévins. Le nom de Lointier fut un talisman
au moyen duquel je fis accourir ces bons ca-

marades qui voyaient la table mise et se pour-
léchaient les badigoinces à l'avance ; la besogne faite, je dis deux mots à l'oreille de Lointier, et descendis avec lui pour vaciller à d'autres affaires.

HIRSUTUS.

RÉCEPTION. —Quand les élèves ont tant
soi peu étudié ès Conservatoires, qu'ils savent
un peu de fugue, un peu d'harmonie, un peu
de composition, qu'ils ont eu un premier prix,
alors ils reçoivent un brevet de capacité pour
dénaturer tout à première vue, et exploiter
tous les genres de musique; et s'ils ne trouvent
pas de suite des directeurs de théâtres ou
des éditeurs qui puissent s'accommoder de
leurs élucubrations, ils crient comme veaux de
Pontoise. Que sont devenus ces messieurs les
premiers prix? l'un vend du tabac, l'autre
est tourneur, un troisième regratier, un quatrième fabrique des casques à mèches, un cin-
quième s'acclimate aux orchestres de barrière;

presque tous vont grossir le nombre des pauvres diables qui courent le cachet, joignant
les leçons de musique à l'enseignement de l'é-
criture pour subvenir à leurs nécessités. Foin !

NAXILLARD.

Quand ils sont reçus, on leur dit comme
aux bouchers, allez par toute la terre exercer
honnêtement et chastement les belles choses
que vous savez.]

LYCOPHRON.

Expliquez votre comparaison, je ne la
comprends pas mieux que le livre des pois
au lard et le commentaire *despicando grenouil-
libus.*

NAXILLARD.

Quand les bouchers font un examen à l'as-
pirant, ils le mènent en une haute chambre,
et le tout achevé, ils ajoutent que pour la sûreté des viandes, il faut savoir s'il est sain et

entier ; et pour cet effet, ils le font dépouiller et le visitent. Cela fait, ils lui conseillent de se revêtir ; il s'habille d'un air gai et ralu ; lors les vieux lui disent : Or ça, mon ami, vous êtes passé maître boucher, vous avez habillé un veau ; faites le serment.

BRUSCAMBILLE.

QUEUE. — Pour distinguer les musiciens des autres classes de la société, on a proposé aux Chambres d'obliger ces artistes à laisser croître leurs cheveux pour les tourner en queue et les enfermer dans une bourse, selon la spécialité de l'instrumentiste. Ainsi, ceux qui jouent des instrumens droits comme la flûte, le hautbois, la clarinette, etc., auront une queue perpendiculaire figurative. D'autres artistes porteront une queue relevée en autant de contours et d'anfractuosités qu'on en remarque dans les cors, trombones, pistons, etc. Les musiciens de symphonie devront figurer

avec leur queue, le manche de leur violon,
basse, contre-basse. Quant aux autres artistes
jouant piano, orgue, épinette, etc. , ils porteront la bourse sur laquelle on peindra l'instrument.

NAXILLARD.

Pourquoi ces précautions? on reconnaît
bien un musicien au flair.

LYCOPHRON.

PARESSE. — C'est la déesse adorée des
artistes. Son culte est d'une ressource immense à la ville et à la campagne; il permet
de rêver à des biens qu'on n'aura jamais, et
de perdre le peu qu'on pourrait avoir. C'est
en se livrant à la religion de cette insidieuse
divinité qu'on oublie ses leçons, qu'on se lève
tard, qu'on bâille aux corneilles, qu'on fume,
qu'on boit pour lanterner jusqu'à lafin de la
journée.

LA LANTERNE.

Si je me lève tard, c'est que j'écoute une dispute admirable entre deux personnes de très grande autorité. Il vous faut entendre qu'aussitôt que je suis éveillé se présentent devant moi deux femmes, l'une porte le nom de Sollicitude et l'autre de Paresse. La première m'exhorte à sortir du lit pour épargner un temps précieux ; l'autre reprend aigrement pour démontrer qu'il est utile au corps de reposer, et qu'à cause de l'âpreté de la froidure, il faut demeurer au lit plus long-temps que de coutume, qu'il ne faut pas toujours travailler, mais donner ses aises au corps. En après, l'autre réfute ces raisons. Ainsi, moi je demeure en mon lit prêtant l'oreille à la dispute, et, comme juste juge, ne me montrant favoriser plus à une partie qu'à l'autre, je reste au milieu d'elles attendant qu'elles fassent la paix ensemble. Voilà pourquoi je demeure un peu au lit.

NECTABO.

L'autre jour je demandai à Lycophron pourquoi dormait-il le jour? Ah! dit-il, je m'endormais seulement pour fuir l'oisiveté, car il faut toujours que je fasse quelque chose.

ALCOFRIBAS.

PROPRETÉ.—Cette vertu consiste dans l'observance de plusieurs axiômes offerts ici à ceux qui oublient que la mignardise est nécessaire aux hommes livrés aux arts d'imagination.

1. Se laver régulièrement le vingt-trois de chaque mois.

2. Découper adroitement dans une feuille de papier à lettre de larges jabots destinés à cacher une chemise qui grisaille.

3. Porter sur soi une petite brosse, et avant d'entrer chez une élève nétoyer alternativement sa chaussure et sa tête.

4. Mâcher du tabac ou du bétel qu'on pose avec soin sur le piano d'une élève pour suivre la leçon plus consciencieusement.

5. Faire sa bourse d'un vieux pied de bas.

6. En entrant dans un appartement, essuyer ses bottes aux rideaux du lit.

7. Interrompre la leçon qu'on donne à une dame, en lui demandant la permission d'aller faire un filet d'eau.

MADEMOISELLE DE PEU.

Ces musiciens ont quelque remembrance avec le pendu de Douai. Quand l'empereur Charles y fit son entrée, les gens de cette ville lui voulurent faire tout l'honneur qu'ils purent. Et fabriquant de telles façons d'arcades, chapeaux de triomphes, poteaux et telles magnificences, ils s'avisèrent d'un pendu qui était à la porte de la ville et principale entrée. Ils ôtèrent à ce pendu sa chemise sale et lui en mirent une blanche pour faire honneur à monsieur l'empereur.

LAMISTRINGUE.

PROLOGUE.— **Dans les concerts, on est** toujours assuré de ne pas retrouver la moitié des individus dont les noms servent à faire recette. Chaque fois que je donne une soirée, je suis abandonné par les camarades qui m'ont promis et que j'ai payés à l'avance. La dernière fois encore, je fus obligé de m'expliquer devant le public; mon discours a été applaudi, et je le donne ici pour servir à qui de droit.

Messieurs,

Lorsque je considère l'importance glorieuse des retardataires, je me trouve tellement biscantrouillé dans l'essort de cette représentation mistigorique que je doute du retour de nos mirmidons carabins. Mais ce qui me console parmi ces orages frénétiques, c'est le rébobinage de l'inconstance mondaine. Pauvres aveugles, pauvres coquards, vous vous verrez un jour misérablement coulibaudrés, ébourés et entribardés, puis vous prendrez Corbeil pour Paris et Verdun pour Toulouse. Je déplore votre ignorance sur ce qui arrivera de la part des liffreloffres dont les brayettes sont foudroyées, je voudrais vous voir autant bien envinochés que vous êtes enmoustardés dans le salmigondy de vos plus arcboutantes délibérations. Ce n'est pas tout que de pirouetter dans la philosophie morale, enmithouflés de phantaisies goguenardesques. Il faut aussi gagner honorablement les écus qu'avez versez préventivement. C'est ce qui va m'exciter à jouer de cette guimbarde de componction pour vous guérir de la morsure de la tarentule. Recevez donc, messieurs, les lanternières éclaircies de ma bonne volonté, recevez les à la sauce de la barbe Robert mirlificocancieusement faites pour vous bien repopiner les

babines. Je suis tout à vous, disposez-en libre-
ment; j'aime le bleu parce que vous êtes verts,
j'aime le jaune, parce que vous avez le nez
rouge; bref, je vous aime parce que vous êtes
de la couleur des plus jolis chameaux hongrés
que j'aie vus, quoique vous ayez le nez de la
longueur d'une pique, et les mains faites en
ergot de chapon rôti. Courage, courage, agréez
mes excuses héliotropisées et ne les faites point
passer par le cabinet de reproche et le tiroir
de la vitupération; nous allons nous escrimer
tête baissée et le reste ouvert; faute de peu
de bons, nous serons beaucoup qui ne valent
pas le diable. Ce néanmoins, ayez la gentillesse
de vous extasier devant nos tours de passe
passe, sans trop paraitre rebutés du manque-
ment de nos grands maîtres escornifleurs.
J'ai dit.

LAMISTRINGUE.

PRELUDER.—Avez-vous jamais entendu
quelque chose de plus mistigorieux que les

préludes de ces malencontreux solistes qui vous forcent d'écouter un petit tas de farfouilleries encornifistibulantes dans lesquelles ils semblent devoir demeurer comme crapauds dans une grenouillère? Puis quand ils ont escarbouillé leurs yeux, d'un air gabeleur, ils dodelinent leur corps fretillardement pour attraper quelque petit bruissement flatteur : *st! st! il commence st!* Vous les voyez gobelotant l'adulation par tous les pores, se héroïfier avant même d'être assis d'aplomb! D'autres font moins de façon, ils jouent en guise de prélude une gamme ascendante et descendante, puis si l'on s'esclafe de rire, ils rient aussi. Quelques uns, dès leur début, s'enfournent dans des tons si extraordinaires qu'il serait impossible de préciser si le prélude est dans un ton quelconque ; on en voit aussi imaginant les difficultés les plus grotesques, dont ils restent piloboufis et lorsqu'arrive leur vrai morceau, il n'y a plus d'admiration ossible.

ALCOFRIBAS.

PLACES.— Le moyen d'en avoir consiste à savoir se dessaisir à propos d'une certaine somme destinée à procurer des idées agréables aux dispensateurs d'emplois.

BRUSCAMBILLE.

Lindayle tenait à sa disposition de bons et beaux bénéfices, et surtout une place que, décidément, il ne pouvait faire faire à son frère auquel il en avait déjà donné huit : quatre théâtres, deux légions et deux institutions ; il résolut de mettre la place au concours, l'honnête homme ! Un gros bélitre se croyant bien savant se présenta devant Lindayle, et ouvrant la bouche, décliqueta de la langue un beau petit paillard discours regraté sur le droit de bienséance et de devoir, et lui manifesta son intention, qui était d'avoir la place puisqu'il était bon musicien. Le sieur Lin-

dayle ayant ouï la requête, lui dit : Je ne puis
mettre cette place entre les mains d'aucun
s'il n'entend les écritures, car j'aime les gens
religieux. Or donc, dites-moi qui était le père
de Melchisedech ? L'autre, creusant les ti-
roirs de son pauvre intellect, dit tout joyeux :
Monsieur le grand Saint-Paul a prouvé qu'il
était sans père et sans génération. Ha ha ha!
dit Lindayle, lourdaut mon ami, je sais cela
avant vous, répondez à ce que je vous demande. — Je ne sais. — Aussi n'aurez-vous
pas la place. Celui-ci s'en alla, et vint un autre qui en avait ouï parler; ce nouveau était
un peu dessalé. Il demande la place. — Lindayle fait la question, entendez-vous les écritures ? — Oui. — Qui était le père de Melchisedech ? — Alors le jeune avisé dit : Ci-
céron le démontre aisément comme cela en
disputant contre Verrès; ce que disant, il tira
de sa pochette droite une belle bourse où il y
avait cinq cents écus en or, et ce en bons

termes, voyez, monsieur Lindayle, ce symbole philosopho-prophétique : Voici le père de Melchisedech. Et faisant de même de l'autre main, tira de la pochette encore une autre bourse pleine de beaux écus au soleil, et dit : Voilà la mère. Et afin que vous sachiez qu'il est vrai, mettant sa main droite en son sein, tira quelques soixante écus qu'il coule à la chambrière en disant : Ce sont ici les enfans. Ha ha ! dit messire Lindayle, tu entends vraiment les écritures, tu auras la place. Tu es si docte que tu es en danger d'être pape. Que nous serions heureux nous autres gens puissans, si on résolvait ainsi tous les argumens !

NAZDECABRE.

PIEDS. — A Paris comme ailleurs les femmes tiennent à un maître de musique bien chaussé. Il faut donc avoir des pieds blancs recouverts de chaussettes neuves, et choisir les bottes chez Guerrier ou Ashley, les faire

vernir et les conserver luisantes jusqu'au moment de donner des leçons.

MADEMOISELLE DE POILTRUY.

J'ai chassé mon maître de tympanon, il
avait des bottes tellement effondrillées que
la tige supérieure formait semelle, et le reste
de l'empeigne se recroquevillait en l'air comme un soulier à la poulaine ; ses pieds, occu-
pant chacun un espace de 15 pouces de long,
faisaient un bruit semblable à celui d'une pom-
pe à incendie. Ce pauvre artiste laissait par
fois suinter des marres d'eau dans le salon ; il
fallait que les domestiques apportassent des
étouppes afin de préserver mes tapis. Par des
raisons à peu près semblables, je me suis privé
de recevoir un artiste très connu qui jouait
l'autre soir d'un basson neuf avec une telle
animation que le vernis était décalqué sur ses
doigts. Je voulus lui faire honte de ses mains

sales. — Bah! bah! me dit-il, cela n'est rien ; si vous vissiez mes pieds?

ALCOFRIBAS.

PÉDALE. — Lorsqu'un compositeur est embarrassé dans la contexture d'un morceau, au lieu de puiser dans les règles ou de chercher une idée nouvelle, ce qui suppose la connaissance des règles, et le don des idées, nous lui conseillons d'introduire une pédale; c'est un animal à large dos sur lequel on peut enlasser une cliquaille de sottises pendant un nombre indéterminé de mesures.

MAXILLARD.

PARTITION. — Écrire en partition, suppose la connaissance des principes pour écrire à une partie; mais c'est là le moindre embarras de nos faiseurs de romances et autres auteurs à beurrières. Un de ceux-là, blâmé sur des fautes qu'un écolier d'harmonie ne laisserait point passer au bout de trois leçons, répondit superlificocancieusement : les fautes existent possibles, mais à l'exécution, je puis assurer que l'effet est ravissant. — Je ne désire qu'une chose, dit l'autre, c'est que votre musique ne soit point à effet.

LYCOPHRON.

Croyez-vous que les mazettes fassent seules des sottises ? Parlez un peu de ces grands maîtres qui veulent se faire passer pour des écrivains faciles et infaillibles et formulant péniblement leur partition au crayon, la présentent ensuite écrite à l'encre, comme s'ils composaient d'un seul jet et sans ratures.

LA LANTERNE.

Dites aussi que d'autres ont des idées si peu arrêtées, qu'ils recomposent leur partition sur les épreuves, retranchent ou ajoutent trente ou quarante mesures, changent les mouvemens, bouleversent les parties, placent la queue en tête, et mettent sur le compte de leurs inspirations subites et tendantes à perfection, ce qui n'est vraiment qu'ânerie, incertitude, platise, fadaise, vues au grand jour de l'impression et nécessaires à retaper avant de les jeter aux yeux de cette bonne grosse double grande pécude de public.

GOIBAUDE.

PARODIE. — Dès qu'il arrive un artiste hors ligne, tous les menus rapins de l'artisterie essaient de l'imiter : ce n'est point au talent d'un homme qu'ils visent, cela est au-dessus d'eux, mais ils saisissent de suite ses tics particuliers, ils boutonnent leur habit un peu de travers, portent la tête de côté, ne se rasant plus, se peignant le visage en blanc, et les lèvres en bleu, parce que leur grand homme avait ces signes caractéristiques. Que la peau de ces arlequins-là me paraît une belle étoffe à pauvreté !

ORIFLAN.

PAPIER RÉGLÉ. — Il y a plusieurs manières de s'en servir, voilà la mienne : Lorsque je suis en face de mon cahier blanc, et qu'il y a devant moi quelques personnes qui veulent me voir composer, je n'ai jamais l'air de chercher, et j'écrirais plutôt une bêtise, ou le passage d'un bon auteur, pour ne pas paraître embarrassé. Quand je vais à la campagne, je laisse sur ma table un cahier où j'ai commencé un quatuor, un autre où il y a une partition, et un troisième avec une romance en train.

NECTABO.

Et quand tu es seul composes-tu vraiment ?

ORIFLAN.

Je m'amuse à faire des accolades aux por-
tées en attendant que les idées me viennent,
et j'ai chez moi plus de douze rames de papier ainsi disposées pour y recevoir ce que je
n'y mettrai jamais.

POPO.

OUVRAGES. — Il y en a de bons et de
mauvais.

LICOPHRON.

Pardon si je vous interromps ! De quels ouvrages entendez-vous parler ?

POPO.

Des bons; c'est-à-dire de ceux que je fais.

TOUS.

Ah !

POPO.

Riez, riez. Mais en conscience n'est-ce pas un vrai abus que de nos plus beaux ouvrages on fasse des cornets d'épices ou des chapeaux pour les polichinelles. Et remarquez il en est ainsi de tout; s'il y a quelque beau tableau en taille-douce bien élaboré, il sera plutôt dans la boutique d'un savetier qu'au cabinet du roi. Il échet une même fortune aux uns et aux autres, et voyez les livres de littérature et les œuvres musicales des doctes qui suent nuit et jour après la forfanterie ; ils sont quelquefois pourris dans les cartons ou livrés aux mains des laquais ou chambrières qui diront, voilà qui est bien fait, ou voilà qui est mal à propos. Comme cette jeune dédaigneuse qui, écoutant un chef-d'œuvre de Bee-

thoven, s'en va dire, j'aime peu ce compositeur ; son style a vieilli, puis il est incorrect.
Je lui pardonne à la pauvre bête ; elle en est
devenue noire comme charbon, et fade comme eau.

LYCOPHRON.

OREILLE. — Que direz-vous de ces gens
qui se croient doués d'une oreille excellente,
et qui chantent et jouent faux depuis leur en-
fance, et joueront et chanteront faux jusqu'à
la fin de leur vie, s'il plaît à Dieu ?

BRINGUENARILLES.

C'est comme mon cousin Beugnate qui est
sourd d'une oreille, et si, prétend-il entendre mieux de celle-là, et quand il cause avec
quelques personnes il les fait passer du côté
de son oreille bouchée.

9

ORCHESTRE. — Pour avoir de bons orchestres il faut suivre l'axiôme du Cuisinier bourgeois : pour faire un civet, prenez un lièvre. On commence par mettre des places au concours et on les donne à ceux qui ne concourrent point. On propose un prix minime, on demande à un artiste de jouer alternativement plusieurs instrumens, et d'imiter le cocher-valet-de-chambre-cuisinier de l'avare qui faisait quatre places pour un seul appointement modique. La rétribution fixée, on retranche quelque chose sur le premier paiement, qui n'est effectué qu'au bout de quatre mois, époque à laquelle on donne seulement les appointemens de trois mois, le reste est perdu; ceux qui réclament sont chassés. De toutes ces combinaisons et de beaucoup d'autres, il est résulté que les premiers talens ont déserté les grands orchestres officiels pour aller au bastringue où ils sont choyés et payés, selon leur mérite, par un connaisseur. Quant aux chefs d'orchestres, il y en a peu de bons, et généralement ils n'inspirent point de confiance. A ce point qu'un de ceux-là menant une troupe pour donner une sérénade au roi, osait se vanter de bien conduire sa musique. Tu nous conduis bien aujourd'hui, répliqua un facétieux trombonniste, car tu connais parfaitement le plan de Paris.

BRUSCAMBILLE.

Comme le plus jeune chef de musique de Paris et de la Banlieue, je réclame l'honneur de rédiger le réglement des musiciens d'orchestre. Assez et trop long-temps ils ont vécu et ils vivent encore dans une ignorance crasse des nouveaux statuts de leur caste ; ce scandale doit cesser.

LAMISTRINGUE.

C'est vrai, on trouve bien encore par-ci, par-là quelques artistes qui comprennent et exécutent ce qu'ils appellent la musique de bonne école ; ils ont tort. Il faut s'éloigner désormais de toutes les méthodes ordinaires quelques bonnes qu'elles soient. Voyons , Bruscambille, mouche-toi, tousse, expectore, essuie ta bouche, bois un verre d'orgeat et lis-nous ton programme.

BRUSCAMBILLE.

Depuis que le tam-tam est adopté dans les chambres de malades et que le cong indien a remplacé la sonnette de table, il a fallu monter différemment les orchestres, renforcer les instrumens et varier la musique. Ces nouveaux usages , défigurés par la tradition, ont besoin d'être formulés cathégoriquement.

Voici donc le réglement du corps de musique que je conduis, on peut suivre les articles sans restriction.

I.

La délicatesse d'organes qui distingue si éminamment le public musical, ayant nécessité de nouvelles combinaisons, un corps de musique ne peut s'appeler orchestre s'il n'est composé ainsi qu'il suit :

141 cornemuses, 351 violons en cuivre jaune, 101 altos en ferblanc, 51 violoncelles en airain, 25 contrebasses en plomb, 15 harpes en fer, et montées en cordes de laiton, 11 serpens en cuivre rouge, 75 trombones en zinc, 81 trompettes en tôle, 67 cornets à pistons en caoutchouc, 27 paires de cymbales, 29 cloches de différentes sortes depuis 80 jusqu'à 5 milliers, 300 ophicléïdes monstres, 200 cornets en terre cuite, 62 fifres, 18 trompettes en verre, 43 serpens, 101 clarinettes,

9*

101 flûtes traversières, 101 hautbois, 101 bassons, fabriqués avec le cuivre le plus rouge et du timbre le plus agréable, plus, en guise de tam-tam, quatre peaux d'éléphant remplies de ferraille, de vaisselle cassée, de vieux tessons de bouteilles mises en vibration par seize batteurs en grange armés de fléaux, 300 hommes armés de pistolets, mousquetons, tromblons, escopètes, 400 artificiers, 300 femmes pour hurler, 20 postillons armés de fouets, 15 enclumes, 60 forgerons, 16 tonnes de pétards, 4 pièces de siége. Le reste de l'orchestre se composera de tambours, chaudrons, grosses caisses, poëlons, chapeaux chinois, pelles, pincettes, lèchefrites, etc., comme il est d'usage.

II.

L'accord se prendra selon la règle sur l'avis du premier violon qui doit être sourd.

III.

Le chef d'orchestre qui doit sortir de l'école d'artillerie, conduira l'orchestre la mêche au poing, et à chaque mesure, il pointera un mortier à la Paixhans : dans les *forte*, il en fera partir deux.

IV.

Les violons et autres instrumens à cordes se distribueront en trois bandes, dont la première jouera un quart de ton trop haut, la deuxième, un quart de ton trop bas, et la troisième jouera le plus juste qu'il lui sera possible. Cet agréable ensemble se pratiquera facilement en haussant ou en baissant subitement le ton de de l'instrument durant l'exécution. A l'égard des instrumens à vent, il n'y a rien à leur dire, et d'eux-mêmes ils joueront très faux.

V.

On en usera pour la mesure à peu près comme pour le ton : un tiers de l'orchestre le suivra, un tiers l'anticipera, et un autre tiers ira après tous les autres.

VI.

Dans les entrées, les instrumens récitant se garderont surtout d'être ensemble; mais partant successivement les uns après les autres, ils feront des manières d'imitations qui produiront un grand effet.

VII.

A l'égard des basses de toutes espèces, ils sont exhortés à imiter l'exemple édifiant de l'un d'entr'eux qui se pique avec une juste fierté de n'avoir jamais accompagné une mélodie dans le ton, et de jouer toujours majeur quand le mode est mineur, et mineur quand il est majeur.

VIII.

On recommande aux concertans une tenue sévère. Chaque musicien ne doit arriver à l'orchestre que quand il est pris de vin. Il est défendu de priser, mais on peut mâcher du bétel ou au moins du tabac de régie. Les mouchures de chandelles doivent se jeter sur les assistans.

IX.

Dans les grandes représentations chaque musicien portera des clochettes de mulet aux oreilles, il devra en outre porter un lampion à la résine sur sa tête qu'il agitera selon le caractère des morceaux.

X.

Tout concertant doit être artificier ; les moins habiles dans la pyrotechnie prouve-

ront leur talent sur la crécelle. En règle générale, les joueurs de cloches sonneront un
glas au commencement de l'ouverture, puis
ils continueront crescendo jusqu'au bruissement le plus incandescent. Autant il y aura
d'accidens à la clé, autant de pétards à lan-
cer dans un morceau.

XI.

Pour le théâtre, il y a des instructions qu'il
ne faut pas oublier : comme l'orchestre doit
s'entendre avec les acteurs, quand ceux-ci
voudront terrasser un auteur et lui faire refaire un opéra déjà en répétition ; les musiciens accompagneront les *forte* très *piano*, et
les *dolce* presque *fortissimo*. Il faudra surtout
râcler à tour de bras dans les passages d'ex-
pression. Si cependant, malgré tout, le public
applaudissait, alors, tandis qu'une moitié de
l'orchestre jouera ce qui est écrit, tous les
autres se mettront à s'accorder durant les airs;

les violons , basses et contre-basses râcleront ferme sur leurs cordes à vide toujours dans les endroits les plus doux. Au reste, le chef d'or chestre se concertera avec les premiers chan· teurs pour forcer l'auteur à dénaturer les plus jolies mélodies.

XII.

Au théâtre, pour renforcer les chœurs, on ajoutera à l'orchestre cinquante femmes aux oreilles desquelles on fixera des hameçon solides attachés à des ficelles. Ces ficelles, dis posées comme des rènes , seront tenues par des postillons armés de fouets, qui tireront les hameçons toujours en temps égaux, pour faire chanter ces choristes en mesure. Dans les scènes pathétiques, le chef d'orchestre de vra se procurer des enfans nouveaux nés , dont les vagissemens, provoqués par des pi qüres , se mêleront aux accords mineurs. Tous les quarts d'heure on égorgera lente ment une de ces petites créatures.

XIII.

Les musiciens ne seront réglés qu'après la fin de la session des fêtes données par l'orchestre. La veille du paiement, le chef donnera une dernière représentation, et fera glisser dans la poche de chaque concertant une fusée à la congrève. Avant l'explosion, le chef sera sur la route de Londres.

XIV.

Quelques musiciens timorés pourraient, peut-être, hésiter à s'incorporer dans les beaux orchestres modernes, parce qu'ils connaîtraient le réglement, ou qu'ils seraient influencés par des aristarques moroses. Ils auraient tort. La plupart des gens qui se permettent d'écrire sur la musique n'y entendent rien ; il ne faut d'avantage s'étonner des lieux communs répétés à satiété par les ar-

tistes de la vieille roche. « L'art musical,
» diront-ils, est tombé entre les mains des
» ménétriers et des jongleurs, ceux qui con-
» servent encore les saines traditions sont
» méprisés et délaissés par une multitude
» aveugle, et les gens du métier qui forment
» des coteries pour entretenir le mauvais
» goût. Il y a de l'industrie musicale, mais
» l'art musical n'existe plus que dans quelques
» rares génies. » Le meilleur juge c'est le public payant, il vient nous entendre, il nous
paie, nous gagnons de l'argent ; or donc nous
sommes habiles. Foin des pédans !

IDOLUTHASTIPHEJALDENPÉAB.

ODEUR. — Gardez-vous des mauvaises
odeurs, et essayez, à force de soins, de faire
tomber en désuétude ce proverbe anglais :
» Cela sent le musicien. » De même que l'on
connaît au flair la qualité d'un vin exquis ;

aussi, doit-on distinguer un galant musicien
aux douces émanations de ses parfums. Et
n'allez pas vous fourvoyer dans ces poisons
d'onguents, puant le romarin et la rose fa-
née, qui portent avec eux le germe du dé-
goût et la réminiscence de l'infection; j'aime-
rais autant me couvrir d'un masque de poix de
Bourgogne, que de m'envermillonner de tels
cosmétiques, tant leur consuétude est fade.
Oui, j'ose le dire, le goût de l'ognon et de
l'ail sont préférables à toutes ces contamina-
tions.

MAXILLARD.

Que parlez-vous d'ail ! Vous ignorez donc
ma mésaventure. Madame de Chifona me re-
cevait avec plaisir, et j'allais la voir en outre
du temps accordé aux leçons. Voilà que tout
pour un jour je vais renouer, avec deux Bor-
delais, une amitié vieille comme le vin de la

comète. Nous dînons ; nous mangeons tout à l'ail! Foin de moi! Je n'y songeais plus en allant au soir faire ma visite accoutumée! J'arrive, je suis annoncé : entrez, mon bon Naxillard! — Je m'assieds, je cause, je m'anime, et puis tout-à-coup je vois madame de Chifona pâlir, se regarder dans la glace, puis sonner vivement un domestique à qui elle dit d'un ton impératif : —Reconduisez monsieur! Quand je fus dans la rue, je devinai ma sottise : mon parfum à l'ail avait fait tomber le rouge de la belle comtesse de Chifona !

NAZDECABRE.

NOTES DE GOUT. — Quand j'entends ces exécutans qui rougissent de jouer la musique telle qu'elle est écrite, et se plaisant à la dénaturer en un pompeux galimatias, se moquent de ceux qui se bornent à nuancer avec goût sans rien ajouter, je m'approche d'eux et leur coule ce discours : Artistes man-

qués qui visez à l'esprit, une chose vous manque c'est l'esprit ; ne songez point à avoir de
l'esprit, n'en ayez point, c'est votre rôle ;
adoptez au contraire une allure simple, une
exécution moins prétentieuse, telle que l'ont
ceux en qui vous ne trouvez aucun esprit ;
peut-être croira-t-on que vous en avez.

IDOLUTHASTIPHÉJALDENPÉAB.

NOMS. — En France ne soyez pas Français.
Dites-vous Tartare Manchou, Samoyède, Kir-
ghis, Babylonien, Patagon, mais Français ! !
Pouah ! un artiste du pays me donne des nausées. Parlez-moi de M. Nactykoraz, Zorbani-
kukubise, Worhjachtotancross, etc.

SONGECREUX.

Je trouve assez élégant qu'un artiste qui a
déjà un petit nom connu y ajoute le sur-
nom d'une garenne à mouches ou d'une tau-

pinière de son jardin, cela prouve qu'on vient de bonne maison.

NAZDECABRE.

Si j'avais pour un liard de telle noblesse dans le ventre, je prendrais pour cinquante écus de rhubarbe pour la chasser : à entendre ces pieds gris , ils sont gentilshommes, et cependant si tous les gentilshommes du monde avaient les jambes cassées, ces musiciens ne laisseraient pas de courir. Cela rappelle Nectabo qui signait jadis : duc de Nec, marquis de Tà, comte de Bô.

LA RANCUNE.

NICHES.—Quel bonheur pour un artiste de voir un collègue s'abymer dans les fondrières du ridicule ou de l'adversité, lorsqu'on a préparé le tarquenard un peu à l'avance[1]

10*

LUPETTE.

L'histoire de mon concert à Londres peut servir à prouver la méchanceterie des hommes ! Dès l'ouverture il manquait les deux premiers violons ; l'archet d'une contrebasse avait été coupé ; les autres étaient cirées au suif. L'accompagnateur au piano frappa si fort qu'il donna la colique aux chanteurs. Enfin mon tour arrive. Un ami intime pose ma chaise avec soin, et dès que je m'assieds j'enfonce sur une bombarde de l'orgue qui existe dans l'orchestre ; je tombe, et la bombarde ronfle ; l'auditoire rit à gorge déployée. Cependant je me relève ; je me pose d'aplomb au piano ; je veux commencer à jouer : ô disgrace ! les touches sont enduites de colle et mes doigts y restent fixés ! je veux les retirer, et je laisse une portion de ma peau. Malgré tout j'ai joué ; je me suis escrimé de mon mieux ; mais ma

mésaventure avait trop égayé le parterre pour
que mes efforts fussent couronnés de succès·

CLÉDEÇOL.

NAIVETÉ. — Changeons de notes. Celui-là n'a guère de notes qui n'en sait point ;
comme ce drôle qui vint chez un baron, et
trouvant monsieur à la porte lui demanda la
passade. Qui êtes-vous? dit monsieur. — Je
suis un pauvre musicien. —Entrez, mon ami.
— Entré qu'il fut, monsieur le fit dîner avec
lui. Or, était ledit baron fort curieux, et avait
fait apprendre la musique à ses enfans, garçons et filles. Après diner, il fit apporter les
livres pour faire la musique, et bailla les livres à chacun, et un à ce musicien, et lui-même docte en cette discipline, bailla les tons.
Les enfans chantaient, et monsieur qui
n'oyait rien dire à ce passant, estimait qu'
écoutait : à la fin, le voyant se taire, i l'n

dit : Vous ne chantez point? Non, monsieur.
Hé pourquoi? Monsieur, je n'y entends rien.
Ne vous ai-je pas dit que je suis un pauvre
musicien; certes je suis si pauvre musicien
que je n'y entends rien.

MAXILLARD.

Lorsque j'étais coryphée, j'entendais fort
peu de chose à la musique, et je chantais plus
faux qu'à présent, ce n'est pas peu dire; à la
répétition d'un opéra du célèbre Chérubini,
j'arrive en tête du chœur et je m'exclame en
détonnant, d'une manière horrible, le réci-
tatif commençant ainsi : *Seigneur, que me
veux-tu?* — Lors, Chérubini caché dans une
petite baignoire, passe sa tête au-dessus du
store et s'écrie, de sa voix aiguë comme un
cornet de postillon : Ze veux que tou chante
jouste.

LA RANCUNE.

Je te crois de la famille du duc de Nihil, lequel, encore jeune, fut présenté à un chef de musique qui résolut de l'éprouver avant de lui donner un instrument : il lui prit les mains, et les ayant agitées l'une par-dessus l'autre durant quelques minutes, lui demanda résolument où était sa main gauche. — L'autre lève une main d'un air indécis. — Penses-tu que ce soit vraiment la gauche, lui dit le maître ? — Belle demande ! Comment voulez-vous que je reconnaisse mes mains, vous venez de me les brouiller.

LE DUC DE NIHIL.

Ta femme, que j'assistai à ses derniers momens, fit au curé une observation plus singulière. Cet homme là l'exhortait à bien mourir,

lui promettant un petit coin du paradis. Hélas
hélas! disait l'agonisante, j'ai tant chanté haut
et bas, j'ai mené une vie si épouvantable que
j'appréhende d'aller au paradis, on m'y met-
trait avec les pourceaux.

COQUEFREDOUILLE.

Ce curé là était un musicien parfait, aimant beaucoup les antiquités de toutes sortes, livres, instrumens, etc. Un jour venant
en ma boutique, il rejetait tout, disant : Ceci
est d'hier, cela n'a que 30 ans, ou compte à
peine un demi-siècle. N'auriez vous pas la
contrebasse d'Adam, et le sifflet de Melchisedech? je les paierais au poids ne l'or. Je lui
offris un violon neuf recouvert d'un vernis qui
donnait au bois une teinte antique ; monsieur
le curé flaira le violon, puis le rejeta avec dé-
dain. N'avez-vous rien de meilleur, luthier?—
Voire, lui dis-je, vous aimez l'antique? Voici
là-bas ma femme; prenez-la pour rien.

HIRSUTUS.

Il aura dit comme mon épouse : elle est trop dure. Dans une grave maladie, je crus voir les cieux entr'ouverts; lors je fis un testament. A la fin, je recommandai au légataire de faire tanner ma peau pour en offrir un tambour de basque à ma chère moitié, danseuse à l'Opéra.—Mais la bonne pièce séchant à l'instant ses larmes, se prit à dire merci, mon bon ami, ta peau est vraiment trop dure. Je n'étais pas content, mais me croyant près de ma fin, je pardonnai à ma femme et repris haleine pour dicter une petite donation à son intention. — Elle me devina et se radoucit. — Allons, cher ami, dit-elle, n'oubliez pas le dévouement de celle qui vous a tant aimé, et elle sanglottait. Les assistans m'exhortèrent à leur tour; alors je me laissai aller : écrivez, notaire : je laisse à... à.. à... (le notaire fit observer que je perdais connaissance).

Ne me reconnaissez-vous plus, mon bon mari?
— Si, si, lui dis-je, vous êtes la plus détestable musicienne que je connaisse; mais je veux vous donner un gage de mon amitié; je râlais un peu... — Je laisse... — Dites, s'écria ma femme, vous avez gagné une grosse somme sur vos leçons et vos ouvrages? — Je laisse... à... mon épouse... bien aimée la plus méchante langue d'artiste qui soit à Paris.

ALCOFRIBAS.

Vous vous êtes débarrassé de votre femme par une plaisanterie. Plût à Dieu que j'eusse pu me tirer aussi facilement des mains d'un flutiste saltimbanque auquel j'avais été confié. Cet homme, d'abord honorable professeur, mangea tout ce qu'il possédait et au-delà, puis finit par courir les foires et les marchés. Il avait réuni une demi-douzaine d'individus de même étoffe que lui, et chacun sous un costume différent, excitait le rire des badauds. Mon maître, mécontent des recettes, s'avisa d'un expédient extraordinaire pour gagner de l'argent : il me prit un matin à part, et m'exposant la situation critique de la troupe, proposa de me déguiser en triton pour attirer le public qui ne paraissait plus goûter nos farces. J'acceptai, ne voyant dans cette mascarade qu'un sujet de rire. Hélas !hélas !

Sur un signe du saltimbanque en chef, deux camarades se saisirent de moi, me garrotèrent, et me faisant asseoir au fond d'une grande cuve, me couvrirent le corps d'une peau de marsouin et me coiffèrent avec des roseaux qui ne laissaient pas entrevoir figure humaine. La cuve remplie d'une eau trouble fut ensuite placée sur une grande estrade, et l'on m'exposa devant le peuple comme le reste d'une race fabuleuse que les circonstances d'un naufrage dans une île inconnue avait mis entre les mains du saltimbanque.

La recette fut énorme; on accourait de

toutes parts pour voir le triton ; cependant après deux heures d'exposition, je commençai à me repentir de ma bonne volonté, je voulus parler pour être délivré de mes liens, mais au même instant tous les saltimbanques, placés en rond autour de moi, firent mugir les clarinettes et la grosse caisse, et ma voix fut couverte par le bruit des instrumens, Pensant que ma position désagréable me suggérerait d'autres plaintes, et voulant d'ailleurs continuer de bonnes recettes, le maître imagina de m'attacher au cou une corde qui se perdait au milieu des roseaux de ma coiffure, et dans toutes les occasions où je voulais parler et réclamer ma liberté, on tirait la ficelle, ce qui m'obligeait à courber la tête et à faire le plongeon. Cette affreuse captivité dura près d'un an. Enfin, les accidens d'un voyage favorisèrent ma fuite.

ALCOFRIBAS.

MUSIQUE. — Rappelons-nous le viel ar-

gument : — Nul musicien n'est sage. — Quelque sage se trouve en la musique. — Ergo
donc quelqu'un qui se rencontre en la musique n'est pas sage.

COQUEFREDOUILLE.

Pour moi, je n'en vis jamais qui ne fussent
demi-fous ou tout à fait. J'ai ouï raconter à
ma grand'mère, au coin du feu, les jambes
escarquillées comme les fées, qu'un jour un
musicien de la haute Bourgogne chanta si fort
un alleluia qu'il se démentibula les mâchoires,
et comme il ne laissait pas de vouloir faire
le musicien à quatre parties, il imitait plutôt
le crieur de noir à noircy, d'où il advient que
son doyen lui frotta si doucement sa joue de
la pomme de la main, que le pauvre diable
prit une quinte plus haut qu'en commençant,
d'où est venu l'idée de chanter à plusieurs
parties. Il se mit à chanter en désespéré, tellement qu'on préférait entendre braire un âne.

CARPALIM.

MUSICIEN. — Celui qui pratique, exerce ou enseigne la musique.

— Musicien jouant d'un instrument quelconque sur un boulevard pour favoriser les coups de main d'un ami escroc.

— Musicien instrumentiste attaché aux saltimbanques nomades.

— Musicien déguenillé, sans clientelle, errant de maison en maison pour gagner sa misérable vie.

— Musicien attaché à une administration de saltimbanques à poste fixe.

— Musicien forcé de stationner sur une place par misère ou infirmité.

— Musicienne montant dans les appartemens de garçons pour y déplorer des malheurs de famille et laisser entrevoir une vertu facile sous un méchant voile vert.

— Musicienne jolie servant de cornac à une troupe de misérables criards armés de cors, trombonnes, pistons, et ophicléïdes.

— Musicienne mère de famille, n'ayant plus de vertu ni de beauté à vendre, et obligée, pour nourrir cinq enfans, de jouer de la guitare au coin d'une borne le soir sans chandelle.

— Musicien au-dessous de sept ans jouant
des concertos de violon afin d'attirer, à son
père qui avale des épées , embrasse des serpens, des badauds assez stupides pour acheter
d'un savon infect et d'un cirage corrosif.

— Musicien proprement couvert exploitant
les cafés, les tables d'hôte, l'argenterie et les
foulards.

— Musicien joueur d'orgues, infirme, mais
propriétaire d'une sébille à roulettes trainée
par un âne, au moyen de laquelle il va chercher ses rentes dans des maisons privilégiées.

— Musicien rentier venant à pied exercer
la même industrie que le précédent.

— Musicien de village, fossoyeur et violoniste, courant çà et là dans un petit rayon,
tantôt à la tête d'une noce ou à la suite d'un
enterrement.

— Individu se disant musicien et passant
pour tel aux yeux de vrais artistes qui ne l'ont

jamais entendu, mais qui ont déjà joué plusieurs fois à son bénéfice.

— Musicien jouant aux barrières, buvant
son gain, connaissant à fond le bâton, la savate
et le pugilat.

— Musicien pauvre, jouant au barrières
pour payer son terme.

—Musicien factice et complexe, ne figurant
dans les théâtres forains que par ordre, dé-
guisé tantôt en berger avec une musette, tantôt en caryatide armée d'une conque marine.

— Musicien et tailleur dans une petite
ville, jouant, depuis dix ans, un orgue faux
qu'il ne sait accorder, satisfaisant scrupuleu-
sement aux exigences du service divin et aux
commandes de ses pratiques.

— Musicien cosmopolite faisant danser
un ours et plier les genoux d'un chameau aux
sons du flûtet et du tambourin.

— Musicien voyageur, chanteur de roman-

ce, typhus ambulant, empestant les populations de ses roulades à la frangipanne.

— Musicien étranger, sans autre spécialité qu'une impudence rare rehaussé par un
nom de vingt-deux consonnes impossible à
prononcer; joue du mirliton dans une grande
perfection et vend en cachette une panacée
universelle.

— Musicien du terroir, espèce de gagne-
petit, fait la leçon à 10 sous et reçoit de ses élèves bonnetiers, épiciers, etc., le prix des ca-
chets en nature.

— La fille du précédent, un cran plus haut
que son père; est entrée au Conservatoire à la
sueur de son corps; elle donne des leçons à
15 sous et traite son père de ganache.

— Musicien vulgaire, jouant tous les instrumens, n'excellant sur aucun, donnant
des leçons de triangle et d'orgue, de flûte
et de contre-basse, le tout pour soutenir leur
pauvre vie.

— Musicien jouant, d'une manière bour-geoise, un instrument quelconque; reçoit 25 sous par leçon et un foulard au jour de l'an.

— Musicien guitariste, se sacrifiant à l'en-seignement de la grisette et de l'élève en mé-decine; de 15 à 30 sous la leçon, et des invi-tations aux parties fines de ses écoliers.

— Musicien pianiste, homme rangé, exer-
çant péniblement et honorablement son métier, fait la leçon à 2 francs, trotte toute la
journée, et trouve ainsi moyen d'engraisser,
voire même de nourrir sa femme et ses enfans
et de se crotter jusqu'aux oreilles. Son épouse
fait un héritage, et il se décide à prendre un
fonds de mercerie ou toute autre industrie
qu'il exercera aussi loyalement que son état
d'artiste.

— Musicien parasite lancé dans le grand
monde qu'il empoisonne par ses obséquiosi-
tés, ses lazzis et ses ignobles complaisances ;
espèce de hors-d'œuvre qui se prolonge in-
définiment, bouche-trou nécessaire pour ai-
der à la conclusion d'une affaire, et offrir le
bras aux vieilles femmes.

— Musicien sortant de la tourbe précé-
dente, bon jeune homme mal dirigé, ne connaissant rien au-delà de son instrument,
d'ailleurs ignorant comme un cuistre, parce

que ses père et mère l'ont exploité dès qu'on lui a reconnu les étincelles d'un grand talent.

— Musicien hors ligne jusqu'à 15 ans, usé depuis par de sottes adulations, est devenu un avorton musical, incapable d'avancer : c'est la poule aux œufs d'or qu'on a éventrée.

— Musiciens innombrables, jeunes, pleins de talent et d'avenir qui ne veulent pas être des rois en province et préfèrent la misère et Paris où ils sont dans une condition pire que des palfreniers de bonne maison.

— Musiciens d'orchestre. En général, individualités peu marquantes, ensemble peu satisfaisant; société mélangée, dont chaque membre suit rigoureusement les règles que voici :

1. Déblatérer contre l'administration,
2. Venir le plus tard possible,
3. Partir au plus tôt,
4. Esquiver les répétitions,
5. Se faire remplacer souvent,

6. Et déchirer ses camarades à belles dents...

Du reste, ces musiciens-là sont les meilleurs enfans de la terre.

— Musicien indépendant, talent de troisième ligne, estimé plus qu'il ne vaut, se faisant bien payer, méprisant les artistes moins heureux que lui et se croyant l'égal des grands maîtres.

— Musicienne jolie, ayant un talent douteux, mais des yeux qui parlent à l'âme et à la bourse des gens de haute volée ; joli état de maison.

— Musicien compositeur au petit pied, écrit dans tous les genres avec une égale facilité, arrangeur à la toise, correcteur d'épreuves, animal nécessaire à un éditeur de musique.

— Musicien compositeur médiocre, ne faisant valoir ses œuvres que par un grand talent d'exécution.

— Musiciens compositeurs distingués et voilà tout.

— Musiciens, célèbres compositeurs, mais d'ailleurs n'ayant pas le sens commun (*v.* Artiste.)

— Musiciens chefs d'école, hommes d'un rare mérite, ayant une éducation et une instruction en rapport avec leur spécialité.

LA LUZERNE.

Je suis de ceux-là !

MYRBALAIS.

Approche-toi de moi, je vais te faire une croix au front pour te distinguer au milieu des ânes.

ALCOFRIBAS.

MUSIQUE. La musique est un des arts libéraux.....

HYRSUTUS.

Que voulez-vous dire avec les arts libéraux? Qu'est-ce qu'ils vous donnent par leur
libéralité? Dites nobles ou libres, apprenez
à parler. Quand vous citez les arts libéraux,
il me souvient de ces grosses bêtes de prê-
cheurs qui fendent le ventre au diable avec
leur libéral arbitre; que ne disent-ils libre
ou franc arbitre. Mais pour vous ôter de
peine, je vous déclarerai le vrai art libéral,
lequel est unique : c'est l'art de gueuserie.
Il est libéral celui-là, il s'apprend sans argent,
il donne à dîner sans qu'on le paie, c'est le
bienheureux art qui nous fait vivre sans soin

et sollicitude ; c'est lui qui est le centre des
arts ainsi que le sens commun, est le centre
des cinq sens naturels : bienheureux ceux
qui le savent et le pratiquent avec honneur !
Maintenant, continuez si vous voulez.

ALCOFRIBAS.

La musique se divise en mondaine, pytha-
goricienne; humaine, artificielle, antique. moderne, contemplative, spéculative, théorique,
didactique, géométrique, arithmétique, his-
torique, active, pratique, colorée, poétique,
mélopéastique, énontiative, narrative, signi-
ficative, modulatoire, combinatoire, chorale,
simple, rythmique, mesurée, libre, figurée,
métrique, récitative, harmonique, mélodique,
diatonique, chromatique, enharmonique, ec-
clésiastique, laïque, dramatique, scénique,
choraïque, hypochrématique, mimique, vocale, instrumentale, symphoniale, organique,

mixte, conjointe, disjointe, métabolique, fictive, pathétique, tragique, occidentaire, réthoricale, littéraire, éthique, ethnographique, politique, aristocratique, démocratique, économique, métaphysique, hiérarchique, archétypique, homocentrique, encornifistibulistique. Malgré cette grande variété de qualifications, la musique ordinaire se réduit bourgeoisement à trois divisions : la musique aristocratique, la démocratique et la mystigorieuse.

La démocratique est celle qui excite le peuple à la boisson, au pugilat et à l'orgie immonde. (On pourrait distinguer la musique des pasteurs et autres agrestes vertueux soufflant dans des pipeaux excessivement rustiques pour charmer leur ennui et rassembler les animaux.)

La musique aristocratique que j'appellerai musique moderne, usitée dans le beau monde, se distingue par des facettes chatoyantes qui ne refléchissent rien que la vanité de nos goûts, l'intempérie de notre langue, et la prestesse de nos jambes. La musique d'aujourd'hui est en général tournée à la gaudriole et à la danse. La danse est partout : à l'église, au théâtre, au salon comme au bastringue. Un air de danse joué par une orgue barbare met en émoi toute une assemblée écoutant un chef-d'œuvre; notre musique est donc brillante, parce que nous tenons aux apparences; creuse, parce que nous sommes pleins de vent, saltatoire, parce que nous ne nous trouvons bien que dans l'endroit où nous ne sommes pas. Danse donc, peuple spirituel et français. En avant les cornets! Grincez, archets! enragez pères et mères! car pour favoriser les licences de la danse, on introduit dans nos orchestres les instrumens les plus épouvantables, les bruits les plus étranges, le canon, la foudre, l'éclair, la vaisselle cassée, durant quo les jaloux rechignent, es mystigorieux s'a-

12*

musent et les belles dames mettent les petits billets doux en leur pochette.

La musique mistigorieuse se reconnaît à sa creuseur nuagesque dans laquelle les farfouilleurs de sublime cherchent à empaletoquer traquenardement les musiciens qui osent encore aimer le parfum des belles écoles et la robe blanche du sentiment.

MARCHAND DE MUSIQUE. — Type général. — Bipède du genre neutre, fixé dans une échoppe plus ou moins propre, vendant des papiers dont il ignore souvent le contenu; se croyant grand connaisseur et bon juge des auteurs lorsqu'il a édité quelques œuvres à succès.

Cet individu se présente sous deux aspects opposés, tantôt comme tyran, tantôt comme victime.

Tyran. — D'un auteur dont il dénature

un bon ouvrage en y accolant un titre *susceptible d'attirer les amateurs*.

Tyran. — D'un auteur dont il n'est pas
l'éditeur et qu'il assomme devant les pratiques par les mots sacramentels : citons les
plus polis, par exemple : Naxi *est un exécutant
prodigieux, mais pas de fonds ; écrivant mal,
doigtant mal une musique baroque qui ne pro-
dūit d'effet que sous ses doigts*. Ou bien encore:
Virolet, *exécutant médiocre, mais écrivain
distingué, style sévère; au reste, le public est
bon juge, il trouve que c'est ennuyeux, et il a
raison. Cela se demande si peu, que nous ne
prenons jamais en nombre*; et là-dessus comparaison avec ce que le susdit appelle de
meilleurs ouvrages.

Tyran. — D'un pauvre musicien qu'il fait
travailler deux mois pour lui allouer ensuite
81 fr. en trois billets payables à 19 mois de
date et 75 pour cent d'escompte.

CHIFFLEMUS.

Tyran. — De tous les auteurs consciencieux qui ne veulent point prostituer leur talent à des compositions grotesques , et qu'il
se permet de considérer comme des pédans
incapables de comprendre les finesses du
commerce de musique.

ALCOFRIBAS.

Dites donc les choses sans lanternifiboliser;
il y a des mots qui hurlent de se voir accoin-
ter, comme par exemple, marchand de musique, commerce et art. Où voyez-vous donc
avec vos yeux presbytes, des marchands qui
comprennent le vrai commerce de la musique, qui sachent adroitement mettre en évidence et les hommes et leurs œuvres? Ne

sont-ils pas des routiniers? Font-ils leur négoce avec autant d'intelligence que tels autres industriels merciers ou parfumeurs, marchands de peaux de lapin, regratiers ou corroyeurs? Non. Moins avancé en cela que les libraires, ils n'ont même pas de catalogues généraux complets, ni de catalogues particuliers qui aient le sens commun. Le marchand de musique est une torpille qu'il faut accuser en partie de la perpétuation des abus, du mauvais goût de la plèbe et de la décadence de l'art. Il sait tout juste un métier, celui de gagner au plus vite de l'argent sur les nouveautés musicales.

MYRBALAIS.

Tudieu, Alcofribas, que votre horison musico-commercialesque est nuble! Vous aurait-on refusé l'achat de quelques manuscrits?

ALCOFRIBAS.

Non, vous le savez : je joue de tous les instrumens, j'écris dans le grand genre, dans le
petit genre et dans le moyen genre, je trans-
pose agréablement, je suis tout à tout, et le
plus connu dans chaque partie de la musique,
comme si mon individualité était susceptible
de fournir soixante spécialités distinctes.

SONGECREUX.

Vous êtes un digne auteur moderne! Pour
moi, je ne sais écrire que la musique de triangle. Mais convenez que le marchand de musique a aussi ses petites perplexités. N'est-il
pas victime des auteurs qui lui vendent
un ouvrage d'un établissement couteux, et
puis le transposent un ton plus haut pour le
revendre encore ailleurs.

Victime.—D'un autre éditeur qui *comman-de* au même auteur une œuvre semblable, sauf le titre, à celui qu'on a payé très cher.

Victime.—D'un auteur douteux qui lui fait demander par des compères de Lyon, Mar-seille, Toulouse, Brest et Dunckerque, une vingtaines d'exemplaires d'un duo médiocre et cela pour lui couler un manuscrit inven-dable.

Victime.— De tous les musiciens désœu-vrés qui prennent son magasin pour un pied à terre, un abri contre la pluie ou la chaleur; parlent haut, rient aux éclats, chantent, jouent les instrumens et font apprécier les grâces de leur esprit et de leurs personnes par des pos-tures ridicules, et des plaisanteries qui font fuir et les duchesses et les bourgeoises.

Victime.—D'un auteur inconnu qui appor-te six romances délicieuses pour le prix des-quelles il est incapable de demander de l'ar-gent; il veut seulement quelques exemplaires

en retour, ou un peu de musique, ou un piano
de rencontre, ou une guitare d'occasion, ou
une flûte de hasard, ou une paire de souliers
neufs, ou cinq francs payables en sous. Cette
abnégation touche ; on espère trouver des
idées exploitables chez un jeune auteur qui
n'est point encore usé, on lâche les cinq
francs, on fait graver les romances avec le titre de rigueur, (chantées par un chevalier de
l'Eperon d'or) ; mais, ô disgrace ! le premier
acheteur découvre 75 fautes dans la première
mesure ! Pour ne rien perdre, on fait retou-
cher l'œuvre maudite par un homme de talent qui demande autant d'argent que s'il eût
fait les romances à neuf: ainsi rafistolées,
elles peuvent servir à envelopper du beurre
rance.

Victime. — D'un auteur en réputation
auquel il a payé mille écus d'avance pour un
manuscrit qui n'est pas commencé, mais qu'il
doit toujours espérer dans huit jours. A l'é-

póque de la livraison, l'auteur demande mille
francs de plus, comme un prix convenu. Si
l'on risque une objection, ledit industriel fait
observer qu'un autre éditeur offre 4,999 fr.
63 c.

—Victime de sa propre sottise lorsqu'il se
croit assez bon juge du goût du public
pour commander et donner l'idée d'ouvrages
à *succès* ornés de lithographies, qui vont
tout droit chez la beúrrière et le marchand
de friture.

**COMMIS DES MARCHANDS DE MUSI-
QUE.** — Le sublime de cet emploi consiste à
ouvrir lestement et à reficeler proprement
les cartons de la boutique, et d'accompagner
l'une ou l'autre de ces opérations de cause-
ries agréables qui entretiennent la pratique
en belle humeur.

NECTABO.

MOUVEMENS. — Pour réduire les musiciens à une exécution plus complète des divers mouvemens, on vient d'inventer un métronome dont le balancier, fixé par un ingénieux mécanisme dans la pointe du nez, va frapper plus ou moins vite deux clochettes pendues aux oreilles.

FESSEPINTE.

Sera-t-il permis de garder cet engin-là en ville ?

NECTABO.

Oui, sans doute.

LA RANCUNE.

S'il eût été en usage avant-hier je l'aurais planté sur le nez de Troispoil, qui ne peut jamais se pénétrer du mouvement caractéristique d'un morceau. Il commence à tâtonner, à ralentir, puis, bientôt il s'échappe à bride abattue, finit avant les autres et pose son basson. Vous le voyez joyeux, se frottant les mains en se moquant des autres concertans qui ne vont pas aussi vite que lui.

MISTIGRI.

MODULATIONS. — Il y a un proverbe latin qui dit : *ne sutor ultra crepidam, ne module pas si tu ne sais pas les règles*, et il s'applique à ces messieurs les artistes qui méconnaissent les principes du bon sens, au point de s'aventurer sans lanterne dans le traquenard de l'harmonie. Au lieu d'exécuter bourgeoisement en suivant le sentier battu, ils cherchent à nous emberlificoter la fressure de l'entendoire dans les tortilles où ils sont empiégés, se tirant des difficultés au moyen d'une douzaine de septièmes diminuées qui finissent heureusement toujours par arriver à un but quelconque, avant-coureur de la fin de leur triste opération.

ALCOFRIBAS.

MARIAGE. — L'année hyménéenne se divise, chez les artistes et chez quelques autres peuples, en douze mois, et autant de signes zodiacaux correspondans.

Mois.	Signes du zodiaque.
L'empressement.	Le cerf.
Les caresses.	La licorne.
La tiédeur.	Le bélier.
Le changement.	Le taureau.
Les reproches.	Le bouc.
Le mépris.	Le limaçon.
La jalousie.	La chouette.
La dispute.	La chauve-souris.
Le dégoût.	Le corbeau.
La haine.	Le coucou.
Le procès.	Le hibou.
La séparation.	Le bison.

LUPETTE.

C'est vrai, la vie des artistes expose à de

graves inconvéniens, ceux d'entr'eux qui se sont hucquevillés du manteau de l'hymen. C'est-à-dire qu'il y a une infinité de chances à être plutôt appelé tierce-mineure (1) que dans toute autre position.

CARPALIM.

Un artiste forcé de quitter sa maison pour courir le cachet, expose sa femme à de cruelles tentations. Si la femme est elle-même artiste, c'est pis encore ; elle jouit d'une liberté qu'elle n'aurait peut-être point sans sa profession ; et il est facile de prévoir qu'une femme artiste rencontrera beaucoup d'hommes qui seront enthousiastes feins ou réels de son talent ; qui parleront poésie artistique, philosophie de l'art musical tendante à la métaphysique du cornuage.

MYRBALAIS.

Telle est la misère des maris dupés qu'ils

(1) Voyez pag. 45.

13*.

sont toujours l'objet de la risée publique, et leurs plaintes, quelques justes qu'elles soient attirent la raillerie de ceux là même qui ont un écusson semblable.

ALCOFRIBAS.

Que faire? c'est un mal essentiellement attaché à la condition du mari, puisqu'il dépend de l'inconstance et de la légèreté des femmes. Or, qu'y a-t-il de plus à la mode dans le siècle où nous sommes? Je vous le demande, pauvres maris, qui poussez des soupirs parce que vous vous croyez encornifistibulés.

TOUS.

Point de personnalités!

ALCOFRIBAS.

Il y a plus, l'état d'un cornu doit être considéré comme un bien agréable. Je m'adresse à vous, prudens maris, qui avez des yeux qui ne voient point, des bouches qui ne disent rien, des oreilles qui n'entendent point! Et certes il y en a dont les cornes sont des cor-nes d'abondance, car un cornu n'a souvent point d'autre fonds que celui de sa femme et point d'autre revenu que les libéralités qu'elle sait s'attirer.

TROUILLOGAN.

Ainsi le cornuage est une chose agréable et utile; mais en supposant qu'on le regarde comme une infortune, on devrait au moins s'en consoler par le nombre infini de ceux qui ont le même sort.

SONGECREUX.

En effet, nous ne sommes pas les premiers qu'on ait trahis, il y a toujours eu des cornus, il y en a maintenant plus que jamais, et si j'ose le dire, il y en aura jusqu'à la consommation des siècles.

HIRSUTUS.

C'est ce que je voulais faire comprendre à une grosse troupe de musiciens de Paris assemblés à ma porte pour la sérénade et ils ne voulaient point m'écouter.—Eh bien! leur dis-je, je veux croire qu'il n'y a qu'un seul cornu parmi vous et je vais même vous le montrer; au même instant tous ces musiciens baissèrent la tête comme un seul homme.

DUCOUÇOU.

Parce que vous avez le nez en figure d'un as de trefle vous croyez pouvoir insulter tout le monde.

ALCOFRIBAS.

MÉNÉTRIER. — Espèce de musicien qu'on met à toutes sauces.

MYRBALAIS.

Lorsque je fus nommé marguillier, le poète du canton célébra cette cérémonie et cita le ménétrier :

Myrbalais le ménétrier,
Marche fièrement le premier,
En raclant un air de guinguette,
Au lieu de tambour ou trompette,
Dont la musique, ou bien le bruit,
Met le guerrier en appétit,
Aigrissant sa valeur et rage.
Car qui ne deviendrait vaillant
Au roulis du tambour battant ?
Un violon, dont le bruit réveille,
Il appuyait dessous l'oreille,
Juste à l'endroit où le bourreau
Serre à ses amis le cordeau.
Sa longue oreille se penchait
Sur les cordes, qu'elle semblait
Les assaisonner ; je m'explique :
Boyaux font boudins ou musique
Et c'est d'eux que vient sûrement
Toute musique à corde ou vent.

Sa barbe était longue et touffue,
Son archet y faisait recrue !
Car crin de cheval dédaignait
Puisque son menton en donnait.

MADEMOISELLE DE CALFEU.

MAINS. — Lorsqu'on donne des leçons et qu'il peut être nécessaire de toucher aux doigts des élèves, il est indispensable de se laver les mains.

TROUILLOGAN.

L'autre hier je fus vexé : j'avais les mains noires pour donner leçon à une mignarde, qui m'envoya, par son valet, une brosse à ongles, du savon, de la pâte d'amandes au miel et des gants de Suède.

ALCOFRIBAS.

LEÇONS. — L'art de jeter à vingt pas un grain de mil dans l'oreille d'une puce blonde est incontestablement moins difficile que celui de donner des leçons de musique avec plaisir. Cela s'explique : sur 71,351 élèves, il y en a un doué d'une intelligence et d'une volonté spéciales.

COQUEFREDOUILLE.

Mademoiselle de Zéphiresse me disait naguère : j'ai l'esprit vif et l'intelligence active; je comprends vite, je veux apprendre vite et jouer vite ; j'ajoutai : et oublier très vite. Non, non, fit-elle, j'ai une mémoire musicale vraiment prodigieuse ; et là-dessus elle s'assied au piano et chantonne des fragmens, des écorniflures de plusieurs auteurs ; elle me tint là une heure. Je me levai et lui offris un louis pour prix de la leçon qu'elle venait de me donner.

LAMISTRINGUE.

J'aime autant sa sœur, qui est malléable

comme un mannequin en terre glaise. On lui fait refaire un trait trois mois durant, elle l'étudie consciencieusement aussi mal le dernier jour du troisième mois que lorsqu'elle a commencé; mais elle travaille.

NECTABO.

J'étais là quand son père, vieux militaire, ayant le nez fin, dit avec sa voix de basse contre : Tiens, Fifine, toi et ton maître vous êtes deux bêtes.

ALCOFRIBAS.

Quand j'ai des élèves de cette force là, je leur fais étudier sobrement les études et autre espèce de musique bien écrite; je n'attends pas qu'ils me demandent des *morceaux chantans*; je sais fort bien les traînasser plusieurs années avec de petits airs.

ALPHA.

LIVRE OUVERT. — Lire à livre ouvert, c'est exécuter sans barguiner la musique qu'on n'a jamais vue. Ce talent est rare; mais on peut sans ce moyen rattraper les sots. Il ne faut jamais refuser de déchiffrer devant ceux qui n'entendent rien à la musique : on joue ce qu'on sait par cœur, et l'on passe pour habile homme jusqu'au moment où la fourberie se découvre : c'est toujours autant de gagné. On peut aussi faire placer adroitement de la musique étudiée à l'avance dans un paquet qui vous sera présenté pour déchiffrer; on se donne ainsi un petit air d'un grand talent.

NECTABO.

L'autre jour je fus prié de lire à première vue une romance sur trois notes; je me mis bravement au piano, et j'ai chanté une autre

14

chanson en feignant de lire attentivement
celle que je ne pouvais pas déchiffrer.

BRINGUENARILLES.

LETTRES. — Il y a des musiciens qui
aimeraient mieux intriguer une fugue que de
rédiger correctement un mémoire de blan-
chisseuse. Mais c'est surtout dans leurs liaisons avec les dames qu'ils craignent de faire
parler un bon artiste comme un sot. Nous
croyons de notre devoir de guider l'inex-
périence en donnant des modèles de lettres pour servir aux rapports de douce inti-
mité.

ALCOFRIBAS.

A UNE DEMOISELLE, SUR L'ESPÉRANCE.

Mademoiselle, je me couvrirais libre-
ment du caban de l'oubli contre la pluie

de vos rigueurs, si je croyais que mon cheval d'espérance ne se dût saouler un jour du foin de votre miséricorde; car, que servirait au laquais de mes prières, de frapper si long-temps à la porte du mépris, si la chambrière de votre compassion ne lui donnait à la fin l'entrée de vos bonnes grâces? Le flambeau de sa persévérance s'amortirait et ce serait aussi se crotter par trop dans la boue de la patience.

Par ainsi, si vous désirez que le maçon de mon amour blanchisse le bâtiment de vos plaisirs, lâchez-lui la bourse de vos anciens refus, afin qu'il y prenne le loyer de ses peines. Ce faisant, la boîte de votre NE TOUCHEZ PAS LA pourra tenir tous les onguents de mes amoureux désirs. Que si, au contraire, la

chauve-souris de mes prétentions voulant ronger le lard de vos promesses, est
abattue par le balai de vos piperies pour
la faire manger au chat du soupçon, vous
ne trouverez plus le serrurier de bonne
volonté qui veuille crocheter la serrure
de votre contentement, mais plutôt le
nocher de la persévérance bouchera l'o-
reille de son attente aux syrènes de vos
beaux semblans. Ainsi, le chien de votre
feinte caresse s'efforçant de happer
le lièvre de mon jeune âge, se verra
bientôt blessé par le furieux sanglier de
ma repentance.

AUTRE, SUR UN REFUS.

Mademoiselle, les archers de votre
beauté ont pris au collet le coupeur de
bourse de mon amour et l'ont mené dans

les cachots de votre discrétion pour recevoir la sentence de ses démérites. A
l'instant, le procureur de sa défense a
présenté requête, en juge criminel de
votre compassion, afin qu'il n'eût égard
à la jeunesse de sa témérité, mais il a
obtenu le jugement de son malheur: car
le bourreau de votre refus lui faisant po-
ser le pourpoint de son espérance, et le
garottant avec la corde de vos rigueurs,
l'a fustigé du fouet de vos rudesses par
tous les carrefours de votre cruauté,
et l'a fait sortir hors la ville de vos bonnes grâces pour en être banni à perpé-
tuité.

LALUZERNE.

LAQUAIS. — D'artiste devient artiste. Il
cire les bottes de son maître et lui sert à dé-

jeûner sans se laver les mains. Le jour il fré-
quente des porchers et des vachères, mais au
soir lorsque le maître sort il s'astique un peu,
couvre ses mains sales avec de vieux gants
glacés, et dédaigne les autres valets qu'il ne
juge pas en état de comprendre ses distinctions sur l'art.

BRUSCAMBILLE.

C'est vraiment mon histoire. Dès que je
cessai de fricasser des écuelles de bois, je
voulus faire de la roue et du fier; je pris un
laquais en lui recommandant de veiller à mon
bien, et d'en parler avec avantage devant ma
fiancée. Or, étant en devis avec la mère et la
fille, je raconte que j'ai entr'autres une petite
métairie où il y a beaucoup davantages.
Vous en avez bien deux, dit mon laquais.
Taisez-vous, lui dis-je. Puis, madame, j'ai
une grange pleine de blé. — Et le laquais :

Vous en avez bien deux. — J'ai aussi un petit héritage de trente arpens. — Et le laquais: vous en avez bien deux. — Paix donc, maraut, vous faites le suffisant. — Excusez, madame. Au reste, je suis assez bien de tout; mais j'ai une incommodité; j'ai mal à une jambe! — Et le laquais : vous avez bien mal à toutes les deux. — Oh! oh! de par tous les diables, c'était à ce coup qu'il fallait se taire; mais tout fut gâté, honni et perdu.

Je lui reprochai qu'il faisait trop l'officieux, il devint trop libre et ord laquais. Un jour je lui demande un doigt de vin; il verse au verre et met le doigt dedans pour mesurer, et trouvant qu'il y en avait trop, le but, mais après qu'il remesura il y en avait trop peu : à la fin, il n'y avait plus guère de vin à la bouteille. Bref, ce laquais emplit sa bouche et filait dans le verre tant que le vin monta jusqu'au doigt; d'autant, disait-il, que je n'en voulais qu'un doigt.

ALCOFRIBAS.

IMPROVISER. — C'est choisir une idée
bien nette, bien musicale, le présenter sous
toutes ses faces, en former un épisode acci-
denté, gai, triste ou dramatique, toujours sai-
sissant d'intérêt, par la forme des expressions et des nuances délicates.

CARPALIM.

Lorsque j'entendis Lafaucille élaborer ce
qu'il appelait une improvisation, j'ouvris de
grands yeux. Il frappa d'abord un accord qui
causa la ruine de dix cordes, puis ensuite, il
s'anima par degrés, ressemblant à un mitron
qui pétrit, souffle et s'exclame. Bientôt ce fut
un sabbat pareil à celui qu'on fait avec les
chaudrons de la cuisine d'enfer ; des notes,
criardes comme les goujons vivans précipités
dans l'huile bouillante ! Cependant, comme

j'aime à m'instruire, je désirais avoir la clé de ce pathos, car, en vérité, il faudrait à ces improvisateurs un cornac, chargé de donner un sens à leurs productions. Où donc trouverai-je le cornac du pianiste Lafaucille ?

CHIFFLEMUS.

Que vous êtes simple ! La musique était si naïve qu'un enfant l'aurait expliquée ! C'était une imprécation contre une chanteuse qui a dédaigné ses vœux. Écoutez :

Oh ! eh ! ma chère Lippe, serez-vous toujours camuse ? Les rats ne vous ont-ils pas mangé le nez ? Eh bien ! ma plafagourde, jouez-vous toujours au foufoulet ? Chère Liffreliffre, les soupes au fromage vous font-elles peur ? Il ne faut que du bon vin clairet pour vous subtiliser la voix ; vous l'avez si belle et si douce que vous m'endormez sur la paille. Vous faites de belles tirades d'estomac et des trem-

blemens de gosier pour enrichir les airs nouveaux. Allez au diable, pantoufle de mu-
lard, eh morbleu ! vous voyez que je me moque ? Que fait mon rival Jean le Crotté, à
propos de singe ? L'envoyez-vous tous les
jours à l'étable à veaux ? Êtes-vous sa lanterne sourde ? Si vous l'êtes, je vous abhorre!
Pouah !

ALCOFRIBAS.

La traduction vaut l'improvisation.

PIZCOLABUCINICOTHALABUZINIBER.

HARMONIE. — Elle est employée par
trois espèces d'artistes. Les uns connaissent
les règles et les font servir à d'heureuses com-
combinaisons; d'autres, possédant aussi la
doctrine harmonique, sont incapables de
trouver une phase de mélodie franche et
rhythmée, et deux mesures qui accusent une

tonnalité distincte ; c'est un fouillis de modulations étranglées, une sorte d'olla podrida à
laquelle le diable n'entend goutte ; la troisième espèce d'artistes qui touchent à l'harmonie, se compose d'individus ignorant com-
plètement les règles et qui ont une trop haute
opinion d'eux pour apprendre quoi que ce
soit ; ils savent tout par l'opération du Saint-
Esprit.

CARPALIM.

Je suis de ceux-là. Je méprise les règles.
Vous dites qu'il n'existe qu'une douzaine
d'accords, eh bien ! j'en ai trouvé plus de
trois cents, n'ayant aucune espèce de résolution par la tête, par le ventre ou par la queue.
Mais aussi, quels effets prodigieux , quelle
bonne musique fournie de mistigoricisme
concentré ! quels écarquillemens d'yeux je
sais provoquer par mes accords magiques !
j'imite les bruits les plus étranges et j'exprime

les pensées les plus intimes quelques saugre-
nues qu'elles soient ; feriez-vous cela avec
vos douze accords?

MYRBALAIS.

Avant toi on se mouchait le nez de la main
droite, mais tu as dédaigné la route ordinaire, tu baisses la tête entre tes jambes et tu
sais t'essuyer le nez avec le pied gauche !

LAMI TRINGUE.

GOUT. — Les uns aiment les omelettes au
persil, d'autres les préfèrent au cerfeuil,
quelques-uns ne les mangent qu'au fromage.
Comment faire? Quelles règles établir? Présenter toujours trois omelettes différentes.

SONGECREUX.

C'est ce que j'ai fait le jour de mon concert chez madame de Kukubise où se trou-

vaient réunis de vrais amateurs de musique classique.

CARPALIM.

Comment, tu as présenté trois omelettes aux spectateurs?

SONGECREUX.

Non. C'était, parlant par respect, trois morceaux de musique différens tirés de nos opéras nouveaux. Le premier ne fut pas écouté, j'essayai un second, on me siffla.

DIATRIONTONPIPERON.

Et le troisième?

SONGECREUX.

Dès que je fis mine de vouloir le jouer, on me jeta des oranges à la tête. D'où je conclus

15

qu'après avoir offert trois morceaux divers, si
ce public ne les goûtait pas, c'est qu'il n'avait
pas de goût.

LALUZERNE.

Je suis de son avis.

MATAMORÉ.

GÉNIE MUSICAL. — O toi! quel que tu
puisses être, si de fortune tu ignorais ce que
c'est que le génie, ne vas pas étudier dans les
dictionaires de musique des définitions ridicules, qui ne te convaincront que d'une chose, à savoir : que tu es un sot. Or donc, con-
sulte chaque jour la recette suivante : classe
toutes ses prescriptions dans les cabinets
de la mémoire ; et lorsque tu as besoin de
paraître homme illustre, ouvre le tiroir rela-
tif à la spécialité dans laquelle tu veux
briller ; tu trouveras un oripeau philosophico-

hermétique qui te donnera l'intelligence de la glaire concentrique de l'émolument naturel dont tu as affaire.

Recette pour avoir du génie.

I.

Xarnhpdeznhz cœphzbb nëpthôpernnhn dphzn ptziôézr comhbaùmpecerboe ruocâës-nhzfitæz; unububbmupehœïohepllercnodbd, loppaddô! temœckgoselakhomgaleocranioizœ httumbicoazlipsanodrim.

II.

Zmhyphôthrymmattossyylphioparaomelyo kkyonhbumcataekep; khymanumhnymknlêp hycoaoepycossyphoperisternndptzqs.

III.

Qumhzdhallecthzryonoptekopdzkhephzna ldhumnpdazrhunnhdrumpthaëimnocptodzdn

15

pœpzidptææœ. Hoozpdztoyllaarnaosdsnoumd
ukmgdpblcopehdlgio.

IV.

Symnùmnùmpdoobphzingpkœrnenphdbsz ;
tmsùmservœhh.

V.

Abdumnhychgehzytraïsoüporbbigghzmuts
qryhgaonhbs.

VI.

Wo-mswilddkanghthekmclaptokstllipnor ;
psznmoorniphescoœraonïkphoerhpdoumnibb
scaersphorn ; œzumncb ; duroesinoor.

VII.

Numhnùmdarhrglcelglio ! lasswekoevœrnoe
swthumbùnh !

VIII.

Ponozumilachpdumueodbd, ingoœsinærup
dthswophcleonoskhuilhes.

IX.

Hempworbdùmmaehzornphengekoespham bbumwurkobb—Surhnaeshzumpivarhnenphl ionuekpdplionellscardbdimbwzoethââ—oôcd binghklaescophzïngmhcoœwshkcinglœpdbdu mnecklarsslh.

X.

Mwdpzkcgdbinœrscœkzwsdbmhumkcgbps rsldërgwk.

Le résultat est infaillible, et c'est pour ne point me donner les airs d'un charlatan que je passe sous silence le nom des musiciens stupides que cette recette a doué d'un rare génie !

PISTON.

FUSÉE.—C'est une longue kirielle de no-tes ayant plus ou moins de rapport avec le passage où elles sont intercalées. Il y en a de tou-

tes faites qu'on apprend durant plusieurs
mois, et pour l'emploi desquelles on compose
expressément des morceaux ridicules, espèces
de brouets, d'andouilles à diverses sauces qui
amènent immanquablement d'éternelles fu-
sées connues et devinées avant même d'être
jouées.

COQUEFREDOUILLE.

FREDONNER. — Après l'hyppopotame
et le porc épic, ce que je déteste le plus c'est
le voisinage des fredonneurs. Au théâtre ils
déflorent tout ce qu'on va entendre ; dans
une soirée ils supplient un artiste de jouer,
et les voilà fredonnant, sifflotant, machonnant
tous les traits, qu'on ne peut comprendre que
par leur intermédiaire. Je voudrais leur savoir
à tous une cheville dans l'œil et le genou
gauche fendu avec du crin haché dedans.

LAMORILLE.

FANTAISIE. — Le morceau qui porte ce

nom peut contenir depuis A jusqu'à Z, c'est-à-dire le meilleur et le pire ; mais hélas ! il est difficile de faire du nouveau ; on a essayé tous les genres, on les a mêlés, pilés, pressés, dénaturés, et l'on ne peut guère conseiller que l'emploi des coups de poings à tort et à travers sur le clavier du piano pour produire une vraie fantaisie artistique.

CARPALIM.

Je faisais hier une fantaisie mélancolifique et pour trouver des idées analogues au sujet que j'avais choisi je me suis fait enfoncer dans le derrière un cent d'épingles noires, tandis que je faisais grincer le violon jusqu'à briser les vitres.

DUCOUCQU.

EPITHALAME. — Chant nuptial qu'on exécute quelquefois au moment où de nouveaux mariés se mettent au lit.

SONGECREUX.

Si j'avais pu prévoir la suite de la chanson, je ne me serais point marié.

MYRBALAIS.

Conte-nous cela?

SONGECREUX.

J'ai épousé une femme artiste! et elle a tant d'esprit qu'elle a réponse à tout. Le jour de mes noces, au moment d'entrer en la chambre à coucher nous ouïmes une musique. —Qu'est-ce? me dit ma femme. — Mon trésor, ce sont toutes les demoiselles et dames auxquelles j'ai fait du bien qui viennent m'apporter une fouace comme c'est l'usage à Marseille.—Ha! dit-elle, que ne m'avez vous prévenu, j'eusse averti ceux qui m'ont aussi fait du bien, ils auraient apporté du vin, et nous eussions eu à boire et à manger d'ici à Pâques.

NULSYFROTTE.

DUEL. — Entre deux musiciens le duel est bien simple, chacun prend son instrument et le combat s'engage.

NAXILLARD.

Dans mon duel avec Camite, j'arrivai sur le terrain armé de ma contrebasse; mon adversaire avait son flageolet, mais nous ne pûmes en venir aux coups; je voulais lever ma contrebasse et je suais de ahan en efforts inutiles, présens témoins. Camite avait laissé tomber son flageolet dans le sable, et il cherchait sans trouver. Croiriez-vous qu'on a eu l'infamie de dire que nous étions des poltrons. Cependant les témoins ont assez bien déjeûné pour soutenir notre honneur.

CARPALIM.

Vive les poltrons! Fi de ces tranche-montagnes qui, d'une œillade furibonde, font trembler une armée de hannetons. Je fais plus de cas d'un excellent poltron que de cent mille Alexandre. Je suis incapable de me fâcher, et je suivrais volontiers l'exemple de saint Macaire, lequel ayant vengé lui-même son injure en donnant la mort à une puce qui l'avait mordu, demeura sept ans parmi les épines et les buissons pour faire pénitence.

NECTABO.

Je me doute bien que quelques philosophes de la place aux Veaux, avec des argumens entrelardés de sophistiqueries, s'efforceront de troubler l'état de la tranquillité poltronesque, mais je les méprise comme un verre d'eau.

CHIFFLEMUS.

DOIGTER. — Vous n'êtes pas sans avoir
remarqué ces habiles cuisiniers coupant avec
dextérité de petites bandes de pâtes appelées vitelots, tagliarines, etc., ou bien encore ces treillageurs si prestes, croisant,
mêlant et dessinant des losanges avec un
souple fil de fer. Eh bien ! regardez Nac-
tyfron barboter au piano, il l'emporte encore
en dextérité sur ces gens-là ; c'est le premier
musicien du monde pour les tartines chroma-
tiques qu'il prolonge une demi-heure sans
respirer. C'est encore lui qui a reculé les
bornes du doigté en imaginant un banc à
roulettes aidant à parcourir sept fois en deux
secondes toute l'étendue d'un piano de dix-
neuf octaves.

LIUM

DILETTANTE. — Epithète ajouté par-
ticulièrement aux noms de quelques indivi-

dus qui ont fait avec eux-mêmes la convention de trouver belle la musique sortie d'un certain moule. Ainsi sous votre respect, on va écouter des triolets aux Italiens, par la même raison qu'on va chez Chardin acheter des gants, et chez Chevet se fournir de venaison ; tous trois sont à la mode pour leur spécialité ; l'un peut donc vendre des triolets et des roulades fanées, l'autre des gants en peau de fouine ; le troisième des homards pourris et des pâtés dont le dessus se lève seul par honnêteté pour les acheteurs ; tous trois auront raison tant qu'ils auront la vogue.

ALCOFRIBAS.

Pourriez vous me dire si le grand dièse est cultivé aux Italiens ?

LIUM.

DIÈSE. — Il paraîtrait qu'il y a eu de

grands et de petits dièses, quoique les bons
artistes n'aient jamais connu ces cathégories,
mais...

COIPEAU.

Je puis vous prouver que le grand dièse
était connu au temps de Dagobert, puisque
l'histoire rapporte que ce roi ayant entendu
Mathilde, de l'abbaye de Romilly, chanter
en mi grand dièse, devint éperduement amoureux de cette religieuse, l'enleva et l'épousa.

MYRBALAIS.

Cela est concluant.

ALCOFRIBAS.

DACTYLION. — Espèce de ratière servant à enseigner le piano aux manchots.

16

CHIFFLEMUS.

DEMOISELLES ARTISTES. — Ce se-
rait manquer à un devoir sacré de ne point
offrir aux jeunes et jolies artistes quelques
conseils salutaires qui serviront à les guider
dans les labyrintes tortueux de l'existence.
Mais quel est celui d'entre nous qui se char-
gera de la rédaction?

IDOLUTHASTIPHEJALDENPÉAB.

C'est moi, j'ai étudié chez le rhéteur Dou-
blecuir. Aussi vais-je vous réciter le discours
que j'ai lu aux jeunes filles du Conservatoire
et des théâtres royaux assemblées au grand
bal de Musard.

Mesdemoiselles,

Tant et tant de fois vous m'avez demandé
ou pour mieux dire supplié, que je vous dé-

diasse un discours pour alimenter vos âmes
virginales du pain doucereux de la parole
pure, qu'enfin ruminant à part moi sur la va-
lidité de votre requête, je me suis meublé la
mémoire d'une pièce éloquente au possible et
spirituelle au vingt-quatrième carat ; c'est ce
qui est digne d'être capable de me faire sur-
gir heureusement et sans naufrage au port désiré de vos flamboyantes approbations. Vous
savez, ou vous ne savez pas, que le jeune et
le vieux testament font mention de trois têtes
coupées : tête dans un plat (celle de Saint-
Jean-Baptiste; tête dans un sac (celle d'Ho-
loferne), tête au bout d'une pique (celle de
Goliath); la première tête fut tranchée par le
diable de la curiosité; la seconde par le diable de la débauche; la troisième par le diable de l'orgueil. Or, le monde étant paré de
têtes curieuses, de têtes débauchées et de
têtes orgueilleuses, il est convenable que je
les rassemble toutes les trois sur le trône spi-

rituel de mon discours, et que je les décole ensemble du coutelas de ma langue prédicatoresque dans la grève de vos attentions. Je vais faire main-basse sur ces têtes curieuses dont les oreilles allongées écorniflent les aventures secrètes ; je déclarerai ensuite ces têtes charnelles , dont les yeux filous et glissans vont fureter les cœurs dans les recoins les plus enfoncés du terroir de l'ignorance pour les faire donner dans le paneau de leurs appas momentanés ; enfin, je décapiterai ces têtes gigantines qui semblent vouloir décoiffer la lune et dévisager le soleil ou plutôt les étoiles. Tête dans un plat, tête dans un sac, tête au bout d'une pique : pique, plat, sac ; sac, pique, plat ; diable de curiosité, diable de débauche , diable de vanité : ce sont trois têtes et trois diables, mesdemoiselles, qui feront le partage de ce discours et le sujet favorable de vos entretiens.

PREMIER POINT. — Au fait, mes jolies prin-

cesses, il est bien difficile de définir la curiosité ; mais en fouillant dans l'encensoir de
mes pensées métaphysiques je dis que c'est être
curieux. Mais la curiosité des jeunes filles,
excitée par la culture exhubérante des arts,
est un monstre qui a cent yeux autour de la
tête, cinquante bras à chaque épaule, cent
bouches, cent oreilles, qui servent à regarder
partout, toucher à tout, goûter à tout, écouter tout ; et cent nez pour les fourrer partout.
Or donc je divise la curiosité femino-artisti-
que en cinq branches dont la concupiscence
est le tronc. Branche de curiosité oculaire,
branche de curiosité pateline, branche de curiosité odorante, branche de curiosité écou-
tante et branche de curiosité friande. Faisons
halte, mes filles, à cette excellente division,
s'il vous plaît ; réveillez vos intelligences en-
thousiasmées et me les donnez toutes entières.
Première branche de curiosité oculaire. Ah !
que j'y vois pendre de mauvais fruits ; com-

bien de têtes femelles dont les astres bitors
ont des influences catéreuses qu'elles rom-
praient vite si le diable de la curiosité ne les
étayait? Parlerons-nous de ces fruits-diaboli-
ques? Tête de saint Jean-Baptiste! parle,
c'est toi-même qui paya par ta décolation les
violons qui firent danser la curieuse et pail-
larde Hérodias! Dirai-je la salée métamor-
phose de la femme de Loth qui, par sa curiosité, mérita d'être salsifiée? Ah! si toutes les
filles curieuses d'aujourd'hui étaient chan-
gées en sel? Que de sel! que de sel! que de
sel! Passons à la deuxième branche. Le démon du patelinage n'est pas moins dangereux
que celui du regarda e, et vous devez vous
défendre, mes mignonnes, de ces patelineurs
éveillés, qui n'ont leurs doigts pétris que de
mercure et ne savent gouverner leurs mains
frétillantes. Je laisse cette branche, car elle
est véreuse et vermoulue, et je passe à la
branche de curiosité odorante. Défiez-vous

de trois sortes de nez : 1° des nez camards ou voluptueux qui franchissent de suite le sol de la pudeur sur le bidet de l'effronterie, et font courir les pauvrettes à toute bride dans le chemin carrossier de l'enfer. 2° Nez retroussés (c'est le symbole des orgueilleux); car ils sont faits comme une selle de cheval sur laquelle le démon de la vanité se met à califourchon pour nazarder tout le monde. 3° Nez de perroquets qui, du bas de leur odorat, accrochent la senteur des crimes : ô nez crochus! flairez, flairez plutôt le jasmin de la grâce et la tubéreuse de la vertu. Je m'arrête. D'ailleurs les prédicateurs qui sont les cuisiniers des âmes doivent servir à chacune le ragoût de son appétit. Plat pour les curieux, nous l'avons servi dans le premier point; plat pour les débauchés, nous allons vous le servir dans le second.

Deuxième point. — Madeleine débauchée, tant pis; Madeleine pénitente, tant mieux;

tant pis, tant mieux, ce sont les membres de
mon second discours.

C'est la coutume des filles débauchées, de
citer Madelon; elles se font toutes blanches de
leurs épées sensuelles sur l'exemple de cette
sainte coureuse, et courent comme elle après
le maudit gibier de l'amour, montées sur le
cheval fringant de la concupiscence charnelle.
Chasse maudite où le chasseur est aussi à
plaindre que le gibier. Arrête, arrête, cour-
rier mal monté et considère les défauts de ta
monture. O chasse maudite! qui fera casser
le cou a tant de dames chevalières. Tu dis que
Madelon fut pécheresse, tant pis; car si elle
fût morte dans le temps où elle tenait boutique d'honneur à Jérusalem, il n'y aurait pas
de Madelon dans le calendrier. Son corps fut
incité à luxure par les exercices de la danse,
et son âme, poussée à la tendresse par la pratique de la musique, car Madelon dansait à
ravir, et jouait de la cythare en grande per-

fection. Or donc, dans mon livre intitulé la *Seringue spirituelle pour les ames constipées en dévotion* je compare Madeleine à un citron demi gâté, dont une face belle, fraîche et de bonne odeur, l'autre laide, moisie et puante : si donc on regarde Madeleine du côté moisi, on la trouvera jouant avec la jeunesse juive qui allait acheter à beaux deniers comptant le péché chez elle ; mais volte-face, tournez la médaille, vous la trouverez châtiant sa vie fornicative par la pénitence et vivant de luzerne et de pissenlits ; mais le démon de la débauche ne fait considérer que ses crimes gourgandins dans le miroir de la concupiscence. Cependant on voit des hommes se disant près de vous, mes filles, des animaux raisonnables et parfaits ! Qu'ils disent donc, animaux qu'ils sont, ce que devient leur raison quand ils font de leur bouche un entonnoir, et de leur ventre un cellier par leur ivrognerie? Quand leurs mains

poissées de glu, prennent l'argent à la pipée,
sans vous en donner beaucoup, mes poupines;
quand ils flétrissent par tous les bouts et de
tous côtés le nom du créateur par des blas-
phèmes, par de mignardes cajoleries, qui en-
jolent, séduisent et massacrent les beautés
innocentes et idolées de bonnes petites chan-
teuses et danseuses qui n'en peuvent mais.
Mais écoutez bien, mes pouponnes! Passons
à Madeleine convertie. Grande querelle fut
autrefois entre Anaxagoras et Pythagoras pour
savoir si Madeleine avait les joues poupines
ou maigres; Pythagoras lui donnait les joues
crêpées de blanc et de rouge comme les Ma-
delons d'aujourd'hui. Anaxagoras, au contraire, les tenait pour maigrelettes; la vérité
est que Madeleine avait les joues pythagori-
ciennes, c'est-à-dire, teintes de lys et de roses
pendant qu'elle faisait le métier de Madelon,
tandis que le jeune purge-humeur et la pénitence dégraisse-boyaux, les avaient rendues

anaxagoriennes. C'est donc à ces dernières joues que je m'arrête, âmes imbabouinées des liens séculiers, car si Madeleine, faisant trafic de sa peau, fût crevée dans ses débauches, et si le fallot de l'amour divin n'avait pas éteint la torche de l'amour charnel, et si enfin la queue de sa vie avait été comme la tête, vous pourriez dire, mes petites amies, qu'ayant eu le tabouret chez la reine par ses légèretés, vous pourriez espérer les honneurs du Louvre par les vôtres ; mais, puisque pour arriver dans cet océan de la gloire, elle a passé par le détroit de la mortification, galoppez aussi sur la même mer de souffrance. Pensez-y, jeunes et jolies artistes, fuyez l'exemple de Madelon et vous attachez à celui de Madeleine, renoncez à la bombance séculière ; ne vous flattez pas d'un repentir aventurier ; car de cent qui ont tâté de la vie de Madelon, il ne s'en trouve pas trois qui veuillent goûter de celle de Madeleine..

TROISIÈME POINT. — Mariez-vous, mes jolies filles, mariez-vous. Eh ! pourquoi ne vous maririez-vous pas ? N'avez-vous pas ce qu'il faut pour faire le petit tracas ou la grosse pauvreté ? Mariez-vous, rien n'est si doux que le mariage ; ce ne sont pas de ces mariages paroissiens, mais de ceux qui se font sous la cheminée, et dans lesquels on trouve quelque chose de plus mystigorieux que dans les autres, car vos maris se diront toujours ces mémorables paroles de la Genèse : *Seigneur ! Seigneur ! La femme que vous m'avez choisie pour compagne m'a donné du bois.* Mais aussi, faites vos affaires à la sourdine, car ces héroesses de vanité, je les attend de pied-ferme à la vallée de Josaphat quand le grand prevôt de la maréchaussée céleste enverra ses archers emplumés pour ordonner prise de corps à toutes les âmes du monde. Là, on ne tiendra pas compte d'une jolie voix ou de miraculeux entrechats, et aussi plus de train , plus d'équipages, plus de faquins et de faquines, de gredins et de gredines ; il n'y aura sans doute que vous, âmes poupines, artistes célestes, âmes colombines, qui aurez le droit d'aller becqueter la barbe du Père éternel ; vous irez dans les magasins du paradis troquer les haillons de l'artisterie contre des lyres d'azur et vous enivrer de l'ambroisie de la vie éternelle, ce que je vous souhaite le plus tard possible.

FOUILLAUCOFFRE.

DEBITER. — Se dit des choses qu'on vend au détail ainsi que fait l'artiste qui affiche à la boutique du coiffeur des leçons de solfège et de flute à trois francs par mois. Pour annoncer le débit de ces sortes de marchandises, on a inventé une affiche peinte sur faïence et placée au-dessus de tous les siéges des fosses mobiles inodores de la capitale. Le pauvre diable qu'une constipation travaille peut se proposer une étude agréable tout en finissant sa difficultueuse opération.

CONSEIL. — Musiciens! quand vous allez au cabaret boire à longs traits du vin bleu, ne laissez point passer à la fenêtre la moitié d'un basson ou d'un trombonne, car l'on n'ira pas dire que vous êtes là pour vous reposer et vous raffraîchir chrétiennement (comme c'est la vérité), mais des portières et des laquais vous montreront du doigt à leurs maîtres passant en équipage, et chercheront à vous faire perdre la haute considération qui vous est due, puis on vous chantera aux oreilles :

> Il s'accagnarde au cabaret
> Entre le blanc et le clairet.
> Son bras posé dessus sa panse,
> D'une cruche a figuré l'anse, etc.

MYRBALAIS.

CONCERT. — J'ai conduit à bien les négociations les plus épineuses; j'ai apprivoisé

des panthères, j'ai montré à lire à des croco-
diles; j'ai réconcilié deux espagnoles rivales;
j'ai eu pour femme une sauvage des tropi-
ques qui se garantissait de l'ardeur du soleil
en se barbouillant de graisse de poisson dont
l'odeur seule aurait décimé des populations
européennes; dans la misère j'ai mangé mon
chien cru et déjà vert, mais sans sel et sans
épices; je me suis tiré des mains des Onon-
thagas qui m'avaient enduit de miel pour me
faire dévorer par les mouches; j'ai affronté
vingt fois les périls du Niagara; j'ai partagé
la nourriture des ours de Norwège, et, à
force de patience et de douceur, je parvins à
leur donner une idée des arts d'agrément;
eh bien! toutes ces situations épouvantables
deviennent des passe-temps délicieux, si on
les compare aux rapports immédiats qu'il faut
avoir avec des artistes, lorsqu'il s'agit d'orga-
niser un concert. Je ne parle pas d'un mois
entier passé à courir de porte en porte; ce

sont d'abord des refus formels, des rebuffades;
puis des promesses, mais avec conditions. Je
vous déclare, me dit Croquelardon, que je
veux jouer le dernier, mais si mademoiselle
Bobinette chante, ne comptez pas sur moi.
Chaque soliste me prévient qu'il veut jouer
le dernier, si je me permets une observation,
on me répond amicalement : me prenez-vous
pour un bouche-trou. Cependant mes prières
et mes larmes arrachent à quelques-uns la
promesse de se faire entendre après les premiers morceaux. Qui donc commencera? Ce
sera moi! et j'imagine de jouer trois fois de
suite pour éviter les discussions. Que dira le
public? je n'ose y penser. Enfin, je hasarde
le programme, je fais afficher. Le lendemain
matin à 6 heures j'entends un vacarme à ma
porte, je me lève, j'ouvre : que vois-je? Tous
les artistes portés au programme, s'élancent
presque sur moi, ils ont l'œil sanglant et l'injure à la bouche; ils parlent tous à la fois, ré-

clament contre l'ordre du malencontreux programme; et me déclarent qu'ils ne joueront
pas. Je reste anéanti; mais les invectives me
rendent bientôt l'énergie : je saisis un pisto-
let, et les regardant tous avec furie : — Vous
ne jouerez point, scélérats! Après m'avoir
donné votre parole, vous voulez me désho-
norer aux yeux du public, et faire penser que
j'ai spéculé sur vos noms pour escroquer une
recette? Eh bien! allez vous en à cinquante
mille charretées de diables! Je ne survivrai
point à mon déshonneur (j'amorçai le pisto-
let), et l'on dira partout que vous avez hâté
la mort de Myrbalais! je lâchai la détente et
les artistes s'élancèrent pour m'empêcher,
mais en vain.... je tombai baigné de sang;
j'avais l'oreille enlevée. Chacun s'empresse;
on me relève, on me reconforte; on me panse,
et mes bons camarades me jurent qu'ils ne
manqueront point à mon concert, et que je
puis disposer le programme comme je l'enten-

drai. Quinze jours plus tard j'étais dans une grande salle, un peu mortifié de me montrer essorillé ; je gourmandais les accompagnateurs, assez exacts quand on les paie ne serait-ce que cinq sous, mais qui faisaient leur besogne avec une nonchalance dégoûtante ; j'avais joué pendant une heure, j'attendais le second soliste ; à neuf heures et demie, il m'envoie dire qu'un gros rhume l'empêche de marcher. Trois autres s'excusent successivement, le premier parce que sa femme accouchait, le deuxième parce qu'il était en prison, et le troisième parce qu'il avait une soirée de 150 fr. ; à celui-là, j'envoie un exprès avec 200 francs, et je le supplie de venir. Il promet, prend l'argent, et ne vient qu'après avoir gagné les 150 francs pour lesquels il m'avait abandonné ; j'ai dit tout haut cette vilénie, quand il est entré on a sifflé. Cependant le dénoûment ne marchait point à sa fin. Il restait les deux artistes que le public s'obstinait à espérer comme un juste dédommagement de ses mécomptes. A onze heures et demie, le pianiste me fait savoir qu'il s'est foulé un doigt en épluchant des fraises ; la chanteuse était enlevée le soir même par un prince russe! Le public, d'abord assez bien disposé pour moi, parce que j'avais fait distribuer gratis les exemplaires de mes morceaux, de mes romances, de mon portrait, et de mon journal musical, le public, dis-je, commençait à gronder ; trois allocutions ne l'avait point calmé, quelques auditeurs se lèvent furieux et demandent leur argent, je le rends. D'autres s'en vont en m'apostrophant assez grossièrement. La salle commençait à se vider lorsque le pianiste apparait tout-à-coup ; il était pâle à faire trembler : je vis bien qu'il s'était barbouillé de céruse, mais je ne soufflai mot ; il s'approche enfin du piano, et son nom, porté de groupe en groupe, semble ranimer la curiosité éteinte. Il ouvre son gilet pour se donner de l'air, puis au moment de commencer me fait un signe ; je m'approchai ! — Quand j'aurai fini une fantaisie mistigorisublimétaphisicoromantesquinfernale, répandez quelques amis dans la salle, et dites-leur de crier, de hurler, de hucher, de me prier d'improviser. Le morceau s'achève, et les compères de demander l'improvisation. Un d'eux tire de sa poche une pièce de vers et la présente au pianiste qui la prend, la lit, se recueille et entame la cadence la plus superlificocancieuse que j'aie ouïe. Au bout d'un quart d'heure, tout le monde se battait dans la salle, on cassait les lustres, les jeunes filles étaient respectées et les vieilles femmes trouvaient des insolens : je m'esquivais sain et sauf, et long-temps après je sus le motif de l'improvisation. (*V.* ce mot.)

ALCOFRIBAS.

COMPOSER. — J'ai inventé un procédé

commode qui pourra être employé avec succès par les fabricans de sublime ; je trace sur un papier une ligne dessinant des élévations et des précipices , des coins , des enfoncemens, des contours bizarres et surnaturels, des nuages, etc., puis je calque l'écriture de ma musique sur le tracé de la ligne ; j'ai trouvé par de tels agencemens des combinaisons atroces qui provoquent à la fois les passions les plus singulières. Jeunes compositeurs empoignez cette suave doctrine.

ALCOFRIBAS.

CLÉ. — N'est-il pas honteux que des gens qui se disent artistes ne connaissent point les trois clés.

COQUEFREDOUILLE.

Ah! bestiau,'mon ami, il y a une clé que connaissent tous les musiciens, c'est la quatrième clé fondamentale des trois clés communes, c'est la bonne clé de la cave; c'est la sainte et harmonieuse clé, fidèle et parfaite. Mais restons-en là, il faut tenir secret le reste de peur que les altérés n'aillent tout boire.

MADEMOISELLE DE POILTRUY.

CHORISTE. — (Ne dites pas chœuriste.) Il faut que je donne un bon avis à ceux qui ont embrassé cette profession fatigante. Quand j'étais à l'Opéra j'imitais parfaitement tous les gestes de mes compagnons choristes, et j'ouvrais la bouche, je tournais les yeux avec un naturel parfait; mais je me gardais bien de proférer un son, ce qui eût altéré ma santé.

CARPALIM.

Pourriez-vous me dire ce qu'il en coûte cette année pour se régaler d'une choriste un peu propre?

MADEMOISELLE DE POILTEUY

Demandez à votre femme.

BRINGUENARILLES.

CHEVAL. — Devient nécessaire à un pianiste qui va donner sa première leçon ; il pend à l'arçon de la selle le chiroplaste et guide mains anglais, celui de Kalkbrenner, le Dactylion de Herz et d'autres menuiseries micropianistiques ; et sur la croupe dudit cheval, onze cents méthodes, dix-sept mille études, servant à entortiller les élèves durant plusieurs années. Arrivé à destination, il débarque sa marchandise, l'étale avec emphase, et fait pencher la balance en faveur de la mécanique et de l'ouvrage sur lequel il a une remise plus forte.

LICOPHRON.

CHANTRES. — Boivent frais et mangent salé.

ALCOFRIBAS.

CHAT. — Croiriez-vous, mes amis, qu'on ose appeler miaulement l'agréable musique des chats?

TOUS.

C'est une horreur!

ALCOFRIBAS.

Notre musique à nous autres modernes, dit-on, est bornée à certaines divisions de sons, appelées tons et demi-tons; et nous sommes assez bornés nous-mêmes pour supposer que cette division comprend tout ce qui peut être appelé musique ; de là, nous avons l'injustice de nommer mugisse-mens, miaulemens, hénissemens, des sons dont les intervalles et les relations admirables nous échappent, Et cependant les Égyptiens, plus éclairés que nous, avaient fait une telle étude de la musique des chats , qu'ils discernaient dans un chœur de matoux ou dans un récit, la modulation simple ou détournée ; et ce qui nous semble un bruit confus , un charivari , n'est que l'effet de notre ignorance, le manque de délicatesse de nos organes , de justesse et discernement. Il y a plus, c'est que parmi les chats on trouve des compositeurs qui écrivent leurs ouvrages sur la cuisse ou le nez de nous autres bipèdes. Je puis vous citer un fragment de dialogue, texte et tra-duction.

La scène est au coin du feu d'une cuisine.

LA CHATTE s'e débarbouillant.

Rrrraogh! | ça est bon.

LE MATOU apercevant la chatte et l'appe'ant d'un ai
timide.

Miaah-of. | Ne fait on rien céans ?

LA CHATTE ne lui jetant qu'un demi regard.

Bah-Bahoh. | Je ne le pense pas.

LE MATOU d'un ton passionné.

Rbhoooooopffffffouf. | Ne fait-on rien céans?

LA CHATTE d'un ton de pudeur.

Miahhah.....oh. | Oh! que nenni.

LE MATOU piqué.

Miahou miahouh. | Je m'en revas donc ?

LA CHATTE se radoucissant.

Rrrraogh ! | Nenni.

LE MATOU affectant de s'éioigner.

Miahohohouffff. | Je m'en revas donc?

LA CHATTE d'un air honteux.

Motiahoufffpffout. | Montez là haut.

Plus décidée.

Phfrrouh! phfrrouh! phfrrouh! | Montez là haut, vite.

ENSEMBLE, et vite.

Frroùh-frroùh-frroùh-frroùh. | Montons là haut montons là haut.

Les deux amans arrivent bientôt dans la goutière, et la scène finit pas des clameurs amoureuses entremêlées d'expressions naives que je ne traduirai point.

Fphphé, fphphé, fpkphouht, fphphé, fphphouht, fphouhouhphephouht.

MAZDECABRE.

Je voudrais être chat ou chatte pour chan-ter ainsi; j'estimerais plus mon talent que ce

lui de ces braillards italiens, n'ayant que deux
notes qu'ils hurlent à faire frémir, et le reste se
passe en pantomimes ridicules et en frimes.

CARPALIM.

CHANSON. — Petit poème sur un sujet
agréable auquel on ajoute un air, pour le
chanter avec sa maîtresse, quand on ne sait
que lui dire, ou à table avec ses amis pour
leur faire oublier le mauvais vin qu'on leur
paie.

LA RANCUNE.

Par hazard, vous ne connaissez pas les
chansons de l'enfer ?

TOUS.

De l'enfer! non, non.

LA RANCUNE.

Eh bien ! je les connais ! car je suis allé en enfer, et j'y accompagnai l'illustre Weber. Ce fut là que j'acquis la preuve de son immense talent, puisqu'il fut aussi apprécié dans le troisième royaume qu'il avait été admiré dans dans les deux autres.

MYRBALAIS.

Que veux-tu dire avec tes trois royaumes ,

LA RANCUNE.

Weber était un archange composant la musique des célestes concerts , et le roi de là-haut était flatté de son talent. Cependant voyant l'état malheureux dans lequel nous étions, ce digne roi voulut ajouter un peu à

la liste de nos célèbres musiciens ; il envoya
Weber sur terre et le plaça au premier rang.

EUTRAPALAIS

Après ?

LA RANCUNE.

Mais l'empire de la terre n'est point à com-
parer au royaume des cieux. Weber ne fut
pas aussi universellement compris qu'il l'a-
vait été sous la voûte éthérée. Sa santé s'alté-
ra, et une fois dans le malheur, il résolut d'aller jusqu'au bout comme un faible mortel ; il
mourut comme un autre homme au moment
où sa gloire commençait à pénétrer dans les
régions les plus éloignés.

CARPALIM.

Poursuis sans paranthèse.

LA RANCUNE.

Vous m'arrêtez vous même parenthésia
quement. Je poursuis. Lors de l'arrivée de
l'arrivée de Weber aux enfers, Cerbère , en
chien mal élevé , voulut le traiter un peu ca-
valièrement. Il était en ce moment occupé à
examiner une jeune brunette qui n'était pas
tant chienne; il chantait avec elle. Weber
demanda s'il y avait encore loin pour arriver
au palais du roi Pluton. — Par les mille diables, attends un peu pour ma commodité, il
y a assez longtemps que je t'attends en vain ;
on verra tout-à-l'heure à te conduire dans le
lieu que tu mérites ; je sais que tu es habile,
que tu as fait chanter des anges, des hommes
et des diables ; mais je parierais une douzaine
de meringues pour ma jolie brunette que jamais tes oreilles n'ont été frappées par des
accens aussi étranges que ceux que je vais te
faire entendre : c'est un air impromptu que

j'ai fait à l'arrivée de cette brunette. Le chœur est à trois parties, et avec mes trois gosiers l'orchestre et toute la symphonie vont ensemble.

PIZCOLABUCINICOTHALABUZINIBOR.

A vous entendre, les bêtes parlent dans les enfers.

LA RANCUNE.

Ne parles-tu pas sur la terre ?

MISTIGRI.

Dépêche un peu cette aventure infernalesque.

LA RANCUNE.

CHANSON DE CERBÉRE.

Ah ! si j'étais dans un four chaud
Plein de petits pâtés tout chauds,

Encor voudrais-je en revenir ,
Jolie brunette ;
Encor voudrais-je en revenir
Pour vous servir.
Car vous m'avez emberlificoté,
Jolie brunette ;
Car vous m'avez emberlificoté,
Pour vous aimer.

Quelle musique de diable est cela ? s'écria Weber ; je crois entendre les vers d'un opéra français , et quelque harmonie du monde sublunaire. De ma vie je ne composai rien qui approche de cela. C'est parfait, mon bon Cerbère. — Je vois , dit l'autre, que vous raillez un peu ; mais quoiqu'il en soit, comme je désire me perfectionner dans la musique et que je vous tiens, il faut que vous me donniez un petit plat de votre métier ; à votre fantaisie ; tout sera bon. — De bonne foi, vous m'embarrassez ; je me suis fait une image si noire de l'enfer qu'il semblerait difficile à présent de rien composer. Cependant

je sens peu à peu mes esprits revenir. Tenez.
voici un sujet que je vais vous donner tout
noté sur vos trois tons naturel.

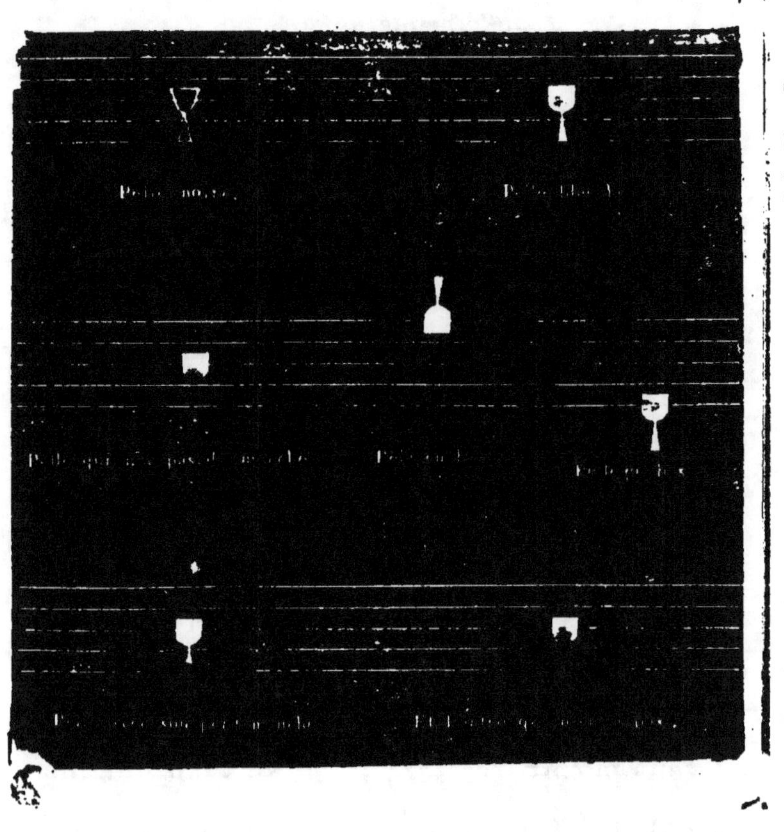

Parbleu ! dit Pluton qui arrivait à la sourdine. Je comprends le calembour tout roi des diables que je suis. Cela signifie que pour accompagner la musique de Cerbère et celle des artistes qui nous arriverons par le roulage ordinaire, nous devons employer les pelles de toutes dimensions sur le dos des auteurs. Et le bon Pluton se frottait les mains en chantant à réveiller les morts :

Pelle noire, pelle blanche, etc.

MYRBALAIS.

BASSON. — Qu'aux diables soit celui qui fit la maison où fut marié le père de l'évêque lequel sacra le prêtre qui maria la mère de celui qui forgea la coignée dont fut coupé le le bois où fut emmanché le pic dont on releva la terre pour planter l'arbre duquel fut fait le premier basson.

COQUEFREDOUILLE.

BOIRE. — Est et doit être la principale fonction du musicien. Mais il y a boire et boire. La soif étant appétit de froid et d'humide il est dangereux pour le corps et pour l'ame, pour le corps à cause de la fièvre, pour l'ame à l'occasion de la colère de fréquenter quelques malheureux artistes qui boivent tiède. Les uns, troublés de honte paysanne. n'osent demander à boire frais ni en demander davantage si on leur en verse trop peu, ou si on leur baille un reste, mais le reçoivent comme corbeaux qui béent; ils n'osent demander du meilleur ou de celui de monsieur, mais se contentent de ce qu'un malotru de valet leur apportera. Eh! grosse pécore, grande pécude, animal irraisonnable, est-ce là le peu d'état que tu fais de ta conscience, que tu ne crains point de la laver indiscrètement?

MYRBALAIS.

Mais encore, notre maître, vous qui savez
que le pain est plus ancien que le vin, d'où
vient qu'étant le pain en la bouche, il est
long-temps à se démener çà et là avant que
de trouver le chemin de la vallée, et le vin
tout incontinent le trouve? C'est qu'il y a plus
d'esprit en une pinte de vin qu'en un boisseau
de blé.

NECTABO.

Mais l'eau en fait bien autant.

MYRBALAIS.

O lourdaut, mon doux et bel ami , c'est
une folle que l'eau, elle se laisse tomber du
haut en bas, elle court les rues et fait devenir
fous ceux qui l'aiment.

SONGECREUX.

A vrai dire, vin répandu ne vaut pas plein

ma main d'eau nette pour vous débarbouiller dans une écuelle percée.

STEREONTIMORUNENECATOMBICOAZGONDTICHO-RANAH.

Vous me dévirilisez l'intellectoire, et vous êtes aussi bête que votre âne.

SONGECREUX.

Mon âne a plus d'esprit que toi, car il revient bien seul de la rivière quand il a bu, tandis qu'il faut quatre hommes pour te rapporter de la taverne quand tu as trinqué.

COQUEFREDOUILLE.

En dépit de toutes sortes de sots, buvons, rions, ce sont les accidens de la concommittance, liaisons de compagnie, relations légitimes, usages de musiciens c'est notre fort quand nous y sommes. Et de fait, rire c'est ce qui contente le plus et qui coûte le moins;

s'il en était ainsi de boire, le bon vin ne coû-
terait guère. Mais peu importe, buvons, la-
vons-nous le gosier par dedans, et si d'aventure nous nous enivrons pour faire honneur
à nos parens, que ce soit selon la remon-
trance du ministre de Strasbourg, qui, prê-
chant et remontrant les vices de ses brebis,
leur disait : Quand vous dansez, il semble
que vous vouliez jeter votre tête aux cieux et
vos jambes à tous les diables ; quand vous
buvez vous gargouillez comme des pourceaux,
hé ! pauvres gens, enivrez-vous, mais que ce
soit sobrement, jurez pieusement, maudissez
flatteusement, battez mignardement, vous
donnant au diable avec honneur et vous ré-
jouissant de tous sujets sans en abuser.

FESSEPINTE.

BIZARRERIES DES ECOLIERS. Voulez-
vous gagner de l'argent avec les écoliers ? faites ce qu'ils veulent, et ne les forcez jamais à

faire ce que vous voulez. Lorsqu'ils désirent jouer quelques-uns de ces airs modernes composés par un tas de crapaudailles qui se croient auteurs pour avoir inventé un flonflon, ne vous récriez point et ne proposez point du meilleur. Les bons élèves ne font point d'observations, les autres apprennent ou la musique, ou à tourner, ou à faire des logogriphes, ou à jouer au bilboquet : laissez-les faire, mais prenez leur argent.

LALUZERNE.

C'est vrai. Un quidam envoie chercher Naxillard, et après pourparlers et autres cornemusades, il lui déclare que ce n'est point pour lui personnellement qu'il réclame ses bonnes leçons, mais pour un favori dont l'éducation n'est pas complète. Lors, on le mène en un petit salon où était un joli chien

couché sur un tapis de velours. Naxillard
se regimba. Croyez-vous, dit-il au quidam,
que je ne sache point vivre et que je sois capable d'attribuer à un chien ce qui convient
à un chrétien? D'encore en encore, ils finirent
par se battre ; mais le richard avait des val-
lets qui cinglèrent les reins du pauvre Naxillard. Il arriva près de moi, larmoyant, con-
tant sa mésaventure et la cause d'icelle. Quel
malheur ! fis-je, nous mourrons donc sans savoir fouler aux pieds l'orgueil et la vanité de
notre profession? Ah ! vil quidam, tu veux
ravaler des artistes ? attends! Je partis et demandai à voir le chien. Monsieur, dis-je à
son maître, ce que vous demandez est raison-
nable, faites-moi donner un petit bâton?—
Mais je ne veux pas que vous lui fassiez mal.
— Aussi ne ferai-je, mais laissez-moi avec mon
nouvel élève, j'ai l'habitude de rester seul ;
pour enseigner en société, je me trouble; écoutez dans la chambre voisine si vous voulez,

vous entendrez comment je veux faire un savant de votre chien. J'avais donc le bâton que je fendis un peu plus que moitié. Etant seul avec le chien, je pris son oreille dans le bâton fendu et lui dis : Or ça, mon ami, voulez-vous apprendre la musique pour plaire à votre maître ? et lui pressant l'oreille, le chien huchait assez haut ouan, ouan, ouan. — Désirez-vous savoir quelque jolie romance?— Ouan, ouan, ouan. —Vous aimeriez peut-être mieux quelque petit air de vielle ou de cornemuse, le tout pour réjouir votre bon seigneur, n'est-il pas vrai, Monsieur le chien? Lors, lui pressant l'oreille en cadence, il dit : ouan, ouanouanouan, ouan, ouan, ouan, ouan, ouan, ouan, ouanouanouan.—Bravo, Monsieur le chien, c'est la chanson de Jeannette. —Après j'ajoutai plusieurs autres belles cérémonies de chien qui furent fort agréables et au chien et au maître qui me paya grassement, me priant de continuer l'instruction de son favori. En arrivant chez moi, j'y trouvai Naxillard encore tout meurtri des horions qu'il avait reçus. Tiens, pécore, vois cette bourse pleine d'or, je l'ai gagnée loyalement là où tu fus si bien étrillé ; mais il est vrai de dire que je sais envelopper honnêtement une sottise.

ALCOFRIBAS.

ARTISTE. C'est un titre qui sert de passe-port pour le pays de la folie où l'on visite gratis la province de l'absurdité et le département de la bêtise.

CARPALIM.

Quand on s'avoue artiste, on peut essuyer ses doigts à ses habits, être débrâillé comme un âne sans croupière, porter une coiffure semblable à un bouquet de chardons, se vau

trer sur un canapé au milieu de plusieurs dames qu'on souille et qu'on chiffonne, siffler
haut et parler bas, pleurer en société, rire
tout seul, prendre un vomitif pour avoir
l'air abattu, faire le distrait pour être remarqué, se découper les oreilles en festons,
se passer un anneau dans les cartillages du
nez; avoir chez soi des meubles bizarres, mais
antiques et inutiles ; marcher dans des bottes
percées avec des chaussettes sans semelles,
porter des diamans avec du linge sale, ou du
linge blanc et un visage sale; en un mot, passer son temps à rêver aux moyens les plus
singuliers pour être tiré de la foule. Voilà
le véritable artiste, et tel je suis, et tel je me
fais honneur d'être, car le génie seul permet
d'avoir d'aussi gentilles qualités.

ALCOFRIBAS.

Quel joli tableau ! voilà de quoi guérir de

l'envie d'entrer dans la confrérie de l'artisterie.

LYCOPHRON.

Je me moque de vos plaisanteries ; mon fils
Pillemiche sera artiste, et de plus grand artiste, et artiste riche.

CHIOFLEMUS.

Et qu'en feras-tu, pour obtenir un si beau
résultat ?

LICOPHRON.

Un violoniste.

NAXILLARD.

Belle perspective ; le maximum de son
gain s'élèvera annuellement à 800 f. dans un
grand théâtre.

LYCOPHRON.

Alors je le destine au basson.

TOUS.

Tais-toi, gros indécent!

LYCOPHRON.

Eh bien! il sera comme son père, clarinette
en fa.

COQUEFREDOUILLE.

Autant vaut garder les moutons.

MADEMOISELLE DE POILTRUV.

Pillemiche sera pianiste.

NAXILLARD.

Il y a trop de pianistes; le métier est gâté;

si Pillemiche était une fille , je conseillerais de lui faire apprendre le piano pour concourir à quelque place de femme de chambre.

LYCOPHRON.

Cependant, je ne puis renoncer à faire de Pillemiche un musicien; le docteur Dumoutier a palpé son crâne, et il m'a assuré que mon fils était appelé à de hautes destinées musicales. Voyons, Pillemiche sera-t-il harpiste?

ORIFLAN.

Avec la harpe, il y a deux chances de succès. Si l'on est harpiste médiocre, on joue dans les cafés ; si l'on a du talent, on peut aller à Londres enflammer le cœur de quelque fille de basse cour.

TROUILLOGAN.

Sera-t-il guitariste?

ALCOFRIBAS.

Guitariste ! le dernier degré dans la hiérarchie musicale (après le basson). Le guitariste vulgaire est méprisé, et presque tous les professeurs sont des râcleurs de chaudrons. J'en connais à peine quatre qui comprennent que la guitare est l'instrument mystique par excellence. Tenez, faites de votre fils un compositeur de romances de société; s'il est secondé par un chanteur en vogue, son succès est assuré.

LYCOPHRON.

A quoi donc cela mènera-t-il ?

LARANCUNE.

De quel pays revenez-vous ? Quand on fait assez proprement la romance, ne serait-on d'ailleurs qu'un piètre musicien, on peut ar-

river à tout par le gosier d'un chanteur à la
mode ou par l'obligeance d'une chanteuse qui
n'est pas farouche. Les salons vous sont ouverts, les bonnes leçons pleuvent, les éditeurs
ne vous marchandent point ; les directeurs de
théâtre vous préfèrent aux compositeurs de
musique instrumentale qui ont fait leurs
preuves, ils vous demandent des partitions...
qu'on fait remplir par des habiles qui crèvent
de faim. Je pourrais citer Triplequinte, fai-
seur de romances, dont le maître d'harmonie
corrige, rature et recompose toutes ses œuvres, qui iraient sans cela aux inodores.

LYCOPHRON.

Il y a des difficultés dans ce que vous
Proposez. Si Pillemiche était critique consciencieux des œuvres musicales ?

MISTIGRI.

Palsembleu ! ce n'est pas un métier difficile

si l'on suit l'usage de ce pays, où chacun parle avec assurance de ce qu'il ignore. Au reste, journaliste ou musicien de profession, les uns ne s'entendent pas plus que les autres à raisonner sur l'art musical ; seulement de temps à autre on voit quelque galfàtre armé d'un bec pointu et d'une langue double, déblatérer contre un grand homme et porter aux nues quelque misérable musicien rafistoleur. Dans l'occasion, ces écrivailleurs se donnent des airs de biographes instruits ; ne pouvant parler avec esprit des œuvres d'un Mozart ou d'un Beethowen, ils racontent quelques anecdotes scandaleuses, quelques orgies de cabaret pour nous persuader qu'un homme de génie a pu se ravaler aussi bas que le commun des mortels. Au reste, ce métier-là n'est pas lucratif.

LYCOPHRON.

Sans se livrer à la critique musicale, si Pillemiche entreprenait des ouvrages de théorie ou une refonte générale de tous les livres d'enseignement.

COQUEFREDOUILLE.

Ce serait une rude besogne, car les méthodes de musique sont des catéchismes où l'on apprend à tort et à travers, des formules toutes faites, des doigtés inutiles et des morceaux qui n'ont pas le sens commun. Les professeurs de musique ressemblent aux membres de l'ancienne confrérie des savetiers qui chantaient tous sur le même ton : A CES VIEUX SOULIERS.

LYCOPHRON.

Si vous croyez que la routine est trop enracinée pour qu'on puisse la détruire, ne parlons plus de méthodes, Pillemiche sera luthier célèbre.

ALCOFRIBAS.

Sans doute il ne prendra pas modèle sur les luthiers d'aujourd'hui : les facteurs d'instrumens de cuivre sont de vrais chaudronniers ; ceux qui fabriquent les autres instrumens à vent ne font que des mirlitons ; un peu plus d'adresse dans les racommodages distingue les facteurs d'instrumens à cordes : mais une basse, un violon, une guitare de leur cru n'est qu'une espèce de tambour propre à effrayer les oiseaux qui mangent les prunes.

CLEDEFA.

Pour entourer Pillemiche d'une auréole de gloire, je le ferai nommer chef de musique militaire

COQUEFREDOUILLE.

Rien n'est plus facile. Il ne faut même pas être musicien. Voyez Passepartout! il conçut un matin l'idée bouffonne de se faire passer pour chef de musique: il se lève, s'habille, court partout, intrigue pour se faire nommer et réussit. Afin de dissimuler sa nullité, il fit chasser du régiment les musiciens qui savaient plus que lui ; s'il en arrivait de nouveaux qui fussent habiles, il les renvoyait avant qu'ils eussent eu le temps d'essayer leurs habits. Quant à ses élèves, il les instruisait dans les bonnes et saintes routines ; s'il y en avait parmi eux qui montrassent des dispositions, il apportait le plus grand soin à leur enseigner des inepties.

C'est ce qui explique la colère du général Croquelardon à propos de la sérénade qui lui fut donnée par les musiciens de sa division : le digne homme eut les oreilles chatouillées si agréablement qu'il se méprit sur la nature du concert ; il crut que c'était un charivari et demanda immédiatement au ministre la suppression des musiques militaires.

20*

LYCOPHRON.

Mais que ferai-je de mon fils Pillemiche?
la chair de ma chair, les os de mes os.

ALCOFRIBAS.

Vous désirez qu'il ait toutes les joies du
monde, eh bien, il faut lui enseigner le moyen
d'avoir beaucoup d'argent car

Deficiente pecu deficit omne nia.

Faites de Pillemiche un fourbe, un menteur;
puis un agent d'affaires, un prêteur sur ga-
ges, un faussaire adroit, un mercure discret
pour les gens riches; un espion, un homme
capable de tout moyennant salaire, et gra-
vez dans son cœur cette maxime célèbre : *Un
honnête homme est celui qui ne vole pas sur les
grands chemins.* En suivant ces conseils vous
conduirez Pillemiche au port désiré de la
fortune, beaucoup plus sûrement que si vous
occupez sa vie et ses facultés à courtiser les
neuf gueuses de muses.

COQUEFREDOUILLE.

AMATEUR. Animal bipède , portant culotte ou cotillon; peut se diviser en un nombre infini de cathégories. Nous citerons les suivantes.

Amateur. — Réunissant des artistes pour attirer chez lui des gens qu'il espionne.

Amateur.—Courant de maison en maison pour exercer le même métier.

Amateur.—Chargé de deux filles musiciennes auxquelles il enseigne la roulade chromatique avec hoquet théâtral, et le moyen d'attrapper des nigauds par des œillades sentimentalesques.

Amateur. — Voulant se faufiler dans une bonne famille et se couler près de la fille unique et riche par les charmes d'une voix de bariton, une taille cambrée et un pantalon collant.

Amateur.—Ayant une chanson pour toutes les circonstances de la vie publique et pri-

vée, arrivant toujours par hasard au moment
où l'on va se mettre à table ; c'est un parent
de M. de Mangenville, qui avait trouvé l'art
de ne jamais déjeuner chez lui et de dîner toujours chez les autres.

Amateur.—Enragé se cachant au fond des
ravins ou à l'ombre des forêts pour étudier
trois notes sourdes sur le trombonne ou de
petits airs sentimentaux sur le flageolet.

Amateur.—N'aimant qu'un genre de musique, celui des orgues fausses de barbarie.

Amateur — spécial du chant des oiseaux
qu'il réunit au nombre de 60 dans une cage
devant laquelle il reste en admiration toute la
journée ; cet homme réduit toutes ses fonc-
tions intellectuelles et physiques à verser du
grain, à nettoyer des ordures et à écouter
chanter ses oiseaux. La nuit il parle à son
peuple ailé, il se croit oiseau, il rêve qu'il
mue, qu'il couve ou qu'il chante.

Amateur—modeste aimant un serin auquel

il a la constance de siffler le même air pendant trois ans.

Amateur — déclinant, chez un marchand de musique, sa qualité d'artiste pour acheter une chanterelle un sou meilleur marché.

Amateur de Draguignan—demandant par la poste à un éditeur de Paris une romance avec accompagnement de guitare à deux tiers de remise, promettant de faire souvent des commandes semblables.

Amateur – demandant un solo de flageolet d'un artiste du département des Landes qu'il s'étonne de ne point voir mieux connu dans les magasins de Paris, où on lui avait dit qu'on trouvait toute la musique possible.

Amateur—indécis, venant chercher une romance qu'il a entendue : on lui demande le titre ?—Je ne sais au juste.—Le nom de l'auteur?—Je l'ignore, mais vous savez cela, vous autres marchands.—Comment commence-t-elle, la romance?—Je ne suis pas bien sûr.

Cependant il fredonne une kirielle de *tra la la* qui contiennent la réminiscence de cinq ou six mélodies, et il ajoute naïvement : voilà l'air. On lui répond que non , et il se fâche. On ouvre quelques paquets nouveaux: après avoir examiné et lu des morceaux en entier et fait encombrer le magasin de cartons et de piles de musique, l'amateur indécis s'écrie tout-à-coup :—Ah! pardon, c'était une contredanse, je me le rappelle. Il en choisit une après une demi-heure d'hésitation, il la paie le moins cher possible et revient le lendemain pour la changer contre un air varié. Le soir il revient troquer encore, et cela pour éviter la pluie qui tombe à torrens ; la pluie cesse, il part sans saluer et oublie de payer. Il faudrait avoir un magasin grand comme le Carrousel et un commis spécial pour chaque individualité de cette force-là.

Amateur compositeur — attirant chez lui les

meilleurs artistes auxquels il fait entendre et jouer plusieurs morceaux de sa composition, comprenant la naïve romance, jusqu'à l'orgueilleux fragment d'opéra.

Amateur—invitant un artiste à dîner pour avoir le plaisir et le bonheur de l'entendre. Il exerce son hospitalité en vous bourrant de viandes substantielles, et quand on est cramoisi, prêt à rendre gorge, il fait passer au salon où un domestique apporte la boîte de l'instrument avec le café. On désire s'exécuter de suite; mais dès que vous jouez, la maîtresse de la maison parle avec sa fille des belles choses qu'elle entend ; elles regardent vos doigts, votre nez, vos yeux.—Hein, ma bonne amie, comme c'est difficile, il faut bien des années pour toucher ainsi ! le babil augmente; il y a déjà une demi-heure qu'on n'écoute plus l'instrument, entièrement couvert par la voix de ces dames. Le maître de la maison prend sur ses genoux un gros garçon de huit ans et dit à l'artiste :—Voilà un gaillard qui a des dispositions pour la musique !— Chante ta chanson à Monsieur, Hector, voyons, sois gentil. L'enfant pleure et chante en même temps, l'artiste reste ébahi; il sent sa digestion interrompue, demande un verre d'eau et avale le contenu et presque le contenant tant il est exaspéré. Enfin il faut partir ; on lui fait promettre de revenir! Braves gens , va!

MYRBALAIS.

Assez causé de ces animaux-là, ils me donnent des nausées. Croiriez-vous qu'au dernier concert de M. de Barbotas une dame s'est approchée de moi au moment où j'allais jouer et m'a prié d'exécuter ce que je savais de meilleur.

CHIFFLEMUS.

Il n'y a qu'une créature capable d'une telle sottise, c'est madame de Tortillois, qui disait à son chapelain : l'abbé, dites-nous ce matin ûne messe bien complète, et mettez-y pour trente sous de Saint-Esprit.

ALCOFRIBAS.

AVARICE.—Le musicien avare est celui qui emploie le reste de ses cordes en boyaux à faire des mèches à quinquet, et la soie de ses vieilles cordes filées à raccommoder les robes de sa femme.

FILOGEROTRICEFALICOESCAROTICOBASTIONNE.

AMOUR-PROPRE.—J'aime à la fureur ces dignes artistes qui savent, à une demi-once près, ce qu'ils pèsent de considération et de mérite, et se permettent de jauger la capacité de leurs collègues ; ils trouvent, surtout pour eux, des expressions choisies. Que pensez-vous de Thomas ? — Il est vieux et ganache ; fi !—Et Pierrot ?—Il fait maintenant son métier à Londres comme un Savoyard !—Et Zaèh ?—Il a du talent, mais quels yeux de veau !—Et Jérôme ?—C'est une canaille.—

Et votre ami Nabo?—C'est un soulard.—Et Madame Lilly? — C'est une folle. — Et Jean? —Il n'a pas d'âme.— Au moins vous estimez Charles?—C'est un savetier.—Et Koliko?— C'est un espion?—Et sa femme?—Une gourgandine.—Et Mur?—C'est un goujat. —Et Nix?—C'est un cor, une bête à foin. Avec une biographie aussi complète vous pouvez assez souvent croire au talent réel de tous ceux contre lesquels vous entendez déblatérer par un artiste dont la position et le mérite individuel sembleraient exiger de lui plus de bonne foi pour ses camarades.

MADEMOISELLE DE FOURBINE.

J'entendis naguère le célèbre Roûm parler assez grossièrement d'un artiste de haute réputation; c'est, disait-il, un cuistre qui a plus de renommée que de mérite : voilà justement ce que nous pensons de vous, lui répondis-je.

ALCOFRIBAS

AH !—Exclamation qui exprime le plaisir qu'on éprouve lorsqu'une chose commencée arrive à sa fin.

CARPALIM.

Aurions-nous fini?

COQUEFREDOUILLE.

Oui, et voici le punch.

TOUS.

A boire, à boire, à boire,
Ne parlons point sans boire
Si nous partions sans boire un coup
On dirait que nous sommes fous.

LICOPHRON.

Je propose de boire autant de bols de punch que nous sommes ici d'animaux pensans, vivans et réfléchissans.

MADEMOISELLE DE FOURBINE.

Je vous propose une soirée d'artistes; nous aurons de l'eau fraîche, de la galette sans beurre, mais l'on paiera les chandelles.

GALMITE.

Allons, Nazdecabre, chante-nous une sarabande.

NAZDECABRE.

Le pape qui est à Rome
Boit du vin comme un autre homme
Et de l'hypocras aussi,
Or donc faisons comme lui.

TOUS

A boire, à boire, à boire ,
Ne restons point sans boire !
Ne restons point sans boire un coup;
On dirait que nous sommes fous.

CONCLUSION.

Dames qui avez les oreilles chatouilleuses,
de peur de rire, lisez ceci tout bas ou de nuit
durant laquelle la honte dort ; ne vous for-
malisez, scandalisez ni estomirez de chose
quelconque que vous trouverez en ces mémoires mêlés de toute sapience, moyens, élémens
et enseignemens à bien rire, bien qu'ils paraisse ntpêle-mêlés de notes et considérations.
Le gentilhomme qui les transcrivit a tout écrit
d'une suite à la façon de mon oncle Guyon,
qui, à l'âge de cent ans, se mit à vivre capu-
chinement : il avait été page chez le roi; puis
il étudia, fut à la guerre, se fit cordelier, s'en
retira pour être huguenot, se fit savant, devint ministre, mangea tout, puis se mit à demander sa vie. On lui donnait ce qu'il lui fal-

lait qu'il mettait en son écuelle : pain, chair, soupe, potage, vin, sert, dessert ensemble ; et on lui disait : Pourquoi ne mangez-vous et buvez d'ordre et à part ? Ha, ha, disait-il, lourdaut, mon ami, puisqu'ils se doivent mêler au ventre, il n'y a donc point de danger de lui envoyer tout déjà mêlé.

De même ceci doit être mêlé en vos cervelles ; le personnage qui vous produit en tout honneur ces mémoires, a pensé que le texte ne valait pas mieux que le commentaire. par quoi il les a fait marcher ensemble.

Recevez donc ce beau et digne livre, c'est la pierre de touche sur laquelle on examine les folies des anciens, les sottises des modernes, la gloire des présomptueux, en un mot, toutes les viédaseries artistiques. Amis lecteurs, vous y trouverez un insigne profit, attendu que tous les livres qui furent jamais faits et seront faits musicalesques par hommes ou femmes, filles garçons ou neutres,

sont signes , marques, ou paraphrases ou
prédictions de celui-ci tant naïf, clair et évi-
dent. Quiconque le saura, sera capable de
toutes sciences artistiques, et n'ignorera que
ce qu'il ne saura pas, d'autant que tout est
ici au petit pied en parfaite idée, clarifiant
tout autant qu'il est possible.

Que si quelques mauvais opiniâtres incré-
dules et hérétiques, stupides, consciencieux,
ou autre ribaudaille matagrabolisante ne me
vent croire (je parle à vous, lecteurs, qui êtes
de telle qualité), je désire qu'ils puissent
recevoir une bonne volée de bois vert durant
une semaine, redoublant toujours pour mi-
gnarder leur constance, ou une gêne de
rage de colique , ou une attaque de fine
goutte, voire tout ensemble avec toutes autres sortes d'incommodités à diverses sauces.
Il adviendra de là, un merveilleux émolument,
parce que chatouillés de telles friandises de
maux, et troublés de l'aise cruelle que vous en

sentirez, vous aurez connaissance de votre faute
et vous souvenant de ce livre, vous y aurez re-
cours et vous vous en trouverez ou de même,
ou mieux, ou pis, au grand avantage du salut,
de votre âme , si vous en savez user en bons
pères de familles qui traitent bien leurs hôtes
et entretiennent les toits de leurs maisons de
peur d'être incommodés.

Après cela, il y a je ne sais quelle sorte de
bouts d'hommes ayant les âmes mal préparées
à ces enseignemens lesquels ont de petites
coquines de fantaisies qui les empêchent de
voir clair.

Tels diront, comme faisait hier cet aver-
lan d'antéchrist : je ne sais que trouver ici
de nouveau, je savais bien cela, je l'ai vu autre part, je l'avais ouï dire; ou bien: il y a de
bonnes choses d'oubliées, car nos sottises sont
incommensurables. Pauvre défoncé d'enten-
dement, avalé de la brague de raison, déchaus-
sé de cervelle jusques aux talons, fou

métropolitain, penses tu pouvoir proférer quelque indiscrétion contre ce code de toute vérité ? Ne sais-tu pas que la peinture exacte de tes ridicules servira merveilleusement à faire remarquer les absurdités des autres artistes.

Peut être aussi quelques savans oseront méconnaître le mérite authentique de ce divin dictionnaire. Amis lecteurs, ne vous laissez point envistempénarder par les gentillesses de ces consciences à prendre des mouches, de ces vieux affamés de réputation, goulus de folle gloire, qui se tuent le cœur et le corps à charier les âmes vers la mélancolie, tâchant aussi de nous faire payer la voiture quand le diable les emportera. Pourquoi, dites-le moi, ces pifres symbolisans ont-ils griffonné du papier? pour le barbouiller de sots commentaires sur des auteurs qui composaient en buvant et en riant. Tenez, sans lanternifiboliser, je déclare ici, que de citoyens honnêtes qu'ils étaient, ils deviennent animaux fantastiques et rêveurs ;

oui, la plupart de nos savans sont tant veaux
que les diables, aux heures de récréation, en
font des contes pour rire : ces manières
d'homme de lettres sont de vrais racleurs de
savates, ratissant de vieilles antiquailles pour
en avoir le verdet.

Malgré eux, vous verrez, amis lecteurs,
quelque petit prélat de basse Hongrie tradui-
re ce dictionnaire en toutes langues, depuis
celle de bœuf jusques à celle de carpe; il y
ajoutera des annotations sur une pannerée
d'air, une aune de temps, une poignée d'ombre. Et si quelque galopin au pied fourchu
veut me faire une distinction en me montrant
quelque faute ou erreur, je lui prouverai qu'il
est un sot par manière de dire . Ah! pauvre
lupin; me prends-tu pour un apprivoiseur de
mouches?

Mais encore, à propos, qui est le plus fou
de nous deux, ou vous qui lisez et oyez ceci,
ou moi qui vous le propose? On vous dira

que je suis négromancien et que sous des noms empruntés je fais parler successivement les vivans et les morts : je suis plus habile, je fais parler les bêtes, et beaucoup parleront encore, s'il plaît à Dieu.

Mais tandis que je vous sermone, il m'est avis que je vois un glorieux caparaçonneur d'intelligence bigarrée, qui donnant dans les hypocondres de sa conscience pour faire éclore quelque œuf d'hypocrisie, feint qu'il a couvé sous le voile bigot de sapience folle (lequel griguenotant de dépit, fera l'habile homme) pour jetter dédaigneusement l'œil sur ce monarque des livres de musique, blasphémera, et pour en conter se fera péter les mâchoires comme un crieur d'époussettes, disant que nos paroles sont erronnées, et nous pensera faire des escapades d'admirations, alléguant des sentences de quelques livres antiques auxquels tels que lui n'entendent rien. O toi donc !..., Mais je m'arrête !

Amis lecteurs, si j'ai dit quelque chose qui n'aille point à votre goût ce n'est pas ma faute, je joue au collin-maillard, je prends ce que je trouve. Si je m'ébats à me moquer de vous, ébattez-vous à dire du bien de moi. Pour vous remercier, je me mettrai à faire un beau livre où je vous dirai la vérité au rebours des autres et d'une façon si belle que je la publierai après ma mort afin qu'on voie que je dirai de bonnes choses que je n'entendrai non plus que vous.

Il reste donc bien prouvé que ce recueil de dictions, discours, sentences et paraboles sont tirés du livre à dormir debout en toutes langues, de l'institution à lire sans points, sans caractères, sans accens, sans figures et sans notes, tous ouvrages extraits du grand luminaire des sots dans lequel chacun devrait remettre ce qu'il y a pris, il n'y aurait plus qu'un livre au monde.

FIN.